中国特色学徒制试点
学徒岗位教材

食品营销学徒岗位手册

吴津蓉　刘范军　主编

中国农业大学出版社
· 北京 ·

内容简介

本教材由行业、企业技术专家和高等职业院校教师共同编写，从食品营销学徒岗位具体工作内容着手，以党的二十大精神为引领，根据相关岗位标准与企业具体工作任务确定内容，按照职业岗位工作过程和职业能力要求设计、制订课程标准，并在此基础上编写本教材。本教材内容丰富，以食品营销策划的实际工作流程为主线，从宏观环境调研，到微观环境调研，再到产品设计，最后进行产品的营销策划。本教材既可作为具有一定营销基础知识职业院校学生的岗位指导手册，也可作为具备一定销售经验的食品营销人员的工作手册。

图书在版编目(CIP)数据

食品营销学徒岗位手册/吴津蓉，刘范军主编. -- 北京：中国农业大学出版社，2023.10
ISBN 978-7-5655-3072-2

Ⅰ.①食… Ⅱ.①吴… ②刘… Ⅲ.①食品-市场营销学 Ⅳ.①F768.2

中国国家版本馆 CIP 数据核字(2023)第 178632 号

书　　名 食品营销学徒岗位手册
Shipin Yingxiao Xuetu Gangwei Shouce
作　　者 吴津蓉　刘范军　主编

策划编辑 张　玉　　**责任编辑** 张　玉　贾梦婕
封面设计 李尘工作室
出版发行 中国农业大学出版社
社　　址 北京市海淀区圆明园西路 2 号　　**邮政编码** 100193
电　　话 发行部 010-62733489，1190　　读者服务部 010-62732336
编辑部 010-62732617，2618　　出　版　部 010-62733440
网　　址 http://www.caupress.cn　　**E-mail** cbsszs@cau.edu.cn
经　　销 新华书店
印　　刷 运河(唐山)印务有限公司
版　　次 2023 年 12 月第 1 版　　2023 年 12 月第 1 次印刷
规　　格 185 mm×260 mm　16 开本　12.5 印张　312 千字
定　　价 39.00 元

编审人员

主　编　吴津蓉（新疆农业职业技术学院）

　　　　　刘范军（新疆新航标营销策划有限公司）

副主编　张　瑜（黑龙江农业职业技术学院）

　　　　　党建磊（新疆农业职业技术学院）

　　　　　舒兰辉（新疆农业职业技术学院）

参　编　张洁仙（新疆农业科学院）

　　　　　闫素平（新疆农业职业技术学院）

　　　　　李　珊（新疆农业职业技术学院）

　　　　　张　承（新疆农夫基地玛纳斯食品有限公司）

审　稿　史　梅（新疆农业职业技术学院）

前言

食品营销是一门以经济科学、行为科学、现代管理理论为基础，研究以满足消费者需求为中心的食品企业市场营销活动及其规律性的综合性应用科学。党的二十大报告指出：“加快建设国家战略人才力量，努力培养造就更多大师、战略科学家、一流科技领军人才和创新团队、青年科技人才、卓越工程师、大国工匠、高技能人才。”《食品营销学徒岗位手册》正是按照党的二十大报告的要求，以习近平新时代中国特色社会主义思想为指引，用现代学徒制的模式结合食品企业具体岗位技能要求，培养适应食品营销岗位需要，具有食品销售经营与管理活动能力，能进行科学有效的营销与策划，改善食品行业经营管理，使企业获得更多社会效益和经济效益的食品营销高技能人才。

本教材根据《中共中央关于制定国民经济和社会发展第十四个五年规划和二〇三五年远景目标的建议》《关于推动现代职业教育高质量发展的意见》等文件精神，在探索形成的“校企双元育人、学徒双重身份、工学交替、交互训教、岗位培养、在岗成才”等学徒制人才培养规律遵循的基础上，最大限度地发挥企业育人主体作用，充分利用企业学徒制教育资源，提高校企双方学徒培养标准并加强质量监控，高质量推动中国特色学徒制改革发展，面向实践、强化能力、德技并修，培养具有良好职业道德，劳模精神、劳动精神、工匠精神，扎实科学文化与专业知识的企业紧缺的高素质技术技能专门化人才。

本教材主要突出以下几个方面：

一、教材以项目引领、任务驱动为导向，紧紧围绕食品营销岗位工作任务设置编写内容。本教材分为 3 个部分，包含 5 个培训专题、16 个学习任务，每个学习任务都将任务实施内容和理论内容贯穿在一起，培养学生的实践技能，提高学生分析问题、解决问题的能力，增强岗位适应能力，有利于学生就业与创业。

二、教材内容的选取紧跟食品营销领域发展趋势，具有一定的前瞻性。理论内容力求够用、实用，在理论学习中穿插经典案例、知识扩展等，能够更好地诠释理论，增加可读性。同时，为了适应职业能力要求，适应教学改革和课程改革需要，教材中补充拓展性知识和思政教育内容，提高学生的职业素质，为多元化人才培养提供更多的信息支撑。

三、为充分体现本教材的“双元”特色，特别邀请新疆新航标营销策划有限公司经理刘范军参与编写工作，他提供了大量来自食品营销第一线的真实案例，从而确保教材内容更贴近食品营销实践。

本教材根据中国农业大学出版社和教材编写组的统一要求进行编写，由新疆农业职业技术学院吴津蓉、新疆新航标营销策划有限公司刘范军共同担任主编，黑龙江农业职业技术学院张瑜、新疆农业职业技术学院党建磊、舒兰辉担任副主编。

具体分工如下：

党建磊编写前言、第三部分项目一；张洁仙编写第一部分；舒兰辉编写第二部分；张瑜编写第三部分项目二；刘范军编写第三部分项目三；吴津蓉编写第三部分项目四；闫素平编写附录 1；李珊编写附录 2；张承编写附录 3 和附录 4；史梅对全书进行审稿工作。

由于编者水平有限，加之时间仓促，书中难免有疏漏、不妥之处，敬请专家、读者和同仁批评指正。

编　者

2023 年 4 月

目　录

The first part

The first part

第一部分

步入企业

The first part

The first part

入职培训专题1
我国食品营销业发展机遇与挑战

一、我国食品企业营销现状

（一）市场营销学的产生与发展

1. 市场营销学产生的历史背景

市场营销学是20世纪初发源于美国的一门新学科，是为适应市场经济高度发展和市场竞争的需要而产生的。

（1）市场规模迅速扩大。19世纪末至20世纪初，美国的西部开发运动扩大了市场、带来了机会，同时也引进了新的竞争因素，信息交流与促销越来越重要。

（2）工业生产急剧发展。科技进步带动了生产力的提高，市场供大于求，卖方有了危机感，买方失去了安全感。买卖双方都渴望有一门新的理论来对经济生活实践进行有效的指导。

（3）分销系统发生变化。中间商的地位和作用越来越重要，要求创造一个新的价值理论，肯定其地位，并帮助培养专业人才。

（4）传统理论面临挑战。传统经济学一般从宏观和政治的角度来考虑市场问题，管理经济学家则主要考虑企业组织的内部问题，尤其是有关生产过程的问题。大量有关市场和分销的新问题造就了一批新的理论家——市场营销学家。

2. 市场营销学的产生与发展

市场营销学的产生与发展大体经历四个阶段。

（1）形成阶段——19世纪末至20世纪初。开始从理论上研究产品销售问题。1902—1905年，美国的密执安、加州、伊里诺斯和俄亥俄州等大学相继开设了市场营销课程。1910年，威斯星康大学拉尔夫·斯达·巴特勒教授正式出版《市场营销方法》一书，首先使用市场营销(Marketing)作为学科名称。当时的研究主要侧重于产品的推销方法,尚未形成体系,也没有引起社会重视,但毕竟打破了不重视流通领域理论研究的状况。

(2)应用阶段——20世纪30年代至二战结束。1929—1933年,资本主义国家因生产相对过剩爆发经济危机,于是企业就开始研究如何使产品不滞销、不过剩,市场营销学从大学的课堂走向社会实践,并且初步形成体系。当时,美国成立了营销协会、广告协会及美国市场学协会,虽说这时的市场营销学研究的对象局限于产品的推销和广告宣传,仅限于流通领域,但市场营销学开始进入应用阶段。

(3)变革阶段——20世纪50年代至70年代。市场营销学突破流通领域,进入生产领域和消费领域。

许多市场营销学者从不同角度提出了以消费者需求为中心的新的市场营销理论,代替了以产品为中心的旧的市场营销理论,认为应该把市场作为生产过程的起点,以市场为导向组织企业的经营活动。这一基本观念的变革,被西方称为“市场学革命”。

这一阶段的市场营销学的主要特点如下:

①形成了“以需定产”的经营思想;

②对市场由静态研究转为动态研究,强调信息的传递与沟通;

③由研究销售职能扩大到研究企业各个部门之间的整体协调活动。

反映这些变革的市场营销理论的一系列优秀著作相继问世。特别是美国市场营销学家麦卡锡的《基础市场学》和菲利普·科特勒的《营销管理:分析、计划与控制》。

(4)发展阶段——20世纪70年代至今。20世纪70年代以来,市场营销学有了进一步的发展,与经济学、哲学、管理学、数学、心理学、社会学等更紧密地结合成一门边缘学科,并出现了许多分支。现在,市场营销学无论是在国外还是在国内,都得到了很广泛的应用,极大提高了整个社会的经济效益。其主要特点如下:

①市场营销学不断深化、完善,日益表现出企业对消费者、社会和环境所承担的责任;

②市场营销对象的内涵与外延不断扩大;

③市场营销学的理论基础不断丰厚。

市场营销学在发展过程中不断从其他学科汲取营养,以丰富自身,如哲学、数学、行为科学、经济学、传播学、管理学等。

(二)市场营销学在中国的传播和发展

(1)市场营销学在中国的第一轮传播(20世纪30、40年代)。20世纪30、40年代,市场营销学在中国曾有一轮传播。现存最早的教材为丁馨伯编译的《市场学》,由复旦大学于1933年出版。当时一些大学的商学院开设了市场学课程。

(2)启蒙阶段。1978年到1983年是市场营销学再次被引进中国的启蒙阶段。

(3)广为传播时期。1984 年到 1994 年是市场营销学在中国广为传播的时期。

(4)深入拓展时期。1995 年以后是市场营销学理论研究与应用深入拓展的时期。

(三)我国食品企业营销的现状

1. 我国食品企业营销优势

(1)拥有庞大的国内消费群体。我国是世界第一人口大国,这构成了我国强大的食品消费市场。目前,我国是世界第二大消费国,而且近年来中国居民食品消费增长速度迅猛。我国消费支出的快速增长为我国食品营销提供了一个强大的内部优势,即规模巨大的国内消费群体。

(2)城市食品消费将步入黄金时代。居民食品消费状况和未来的消费趋势预示,我国未来城市消费将步入升级换代的黄金时代。同时,中国城市居民消费的重心正逐渐转向高品质的消费品,“可选品”及“奢侈品”的消费增长速度要快于“必需品”的消费增长速度。

2015 年以来,中共中央、国务院相继出台《“健康中国 2030”规划纲要》《国民营养计划(2017—2030 年)》等规划,对营养健康产业发展进行系统部署。有机食品,低糖、低盐、低脂“三低”食品,方便食品,营养补充食品等营养健康食品发展迅速。食品消费呈现营养化、健康化、风味化、休闲化、个性化的发展趋势。

(3)食品企业实施优质、优价策略。截至 2021 年 12 月,全国有效使用绿色食品标志企业 23 489 家,产品 51 063 个,主要产品产量占全国同类产品的比重进一步提高,食品的产品质量合格率也得到大大提升。此外,我国食品在发展过程中充分利用自然资源的优势,重点考虑食品在生产、加工、包装、储运等各阶段的成本降低问题,努力减少产品从生产者到达消费者手中的附加费用。这种生产流通过程中的成本降低策略使得我国食品在国际市场的中高档食品竞争中具有明显的价格优势,这种优势同时也成了国际市场消费者选择我国出口食品的主要原因和理由。

(4)科技发展促使食品企业进入互联网营销时代。随着新一轮科技革命的不断开展,一大批新技术、新业态和新模式,如电商、云计算技术、控制全产业链等不断出现,改变了人们传统的购物方式,加速了经济运转,为食品在短时间内大范围转移提供了可能性。如三只松鼠作为互联网新兴食品企业,抓住科技革命的发展机遇,改变传统食品企业消费模式,用数据供应链连接消费者和供应商,适应了消费者的新需求,最终,于 2019 年双十一,以 10.49 亿元的销售额刷新中国食品行业交易记录。

2. 我国食品企业营销劣势

(1)食品产品结构不合理。目前,我国食品在总体生产规模上有了较大提高,但是从整体产品结构来看,还存在着种种的不尽合理之处,比如,有机食品在食品中的比例偏低,产品种类较少。从国外、国内市场需求状况来看,对有机食品的需求在逐年快速增长,而我国有机食品的开发和生产规模远远跟不上市场需求的增长速度,更比不上发达国家有机食品的生产规模的增长速度。

(2)食品价格与消费者之间的矛盾。食品的高价与消费者需求低价的矛盾是我国食品发展过程中存在的问题之一。在食品生产过程中,从生产基地的选择,产品的生产、加工、储运、包装到后来的产品认证与质量监督等各环节都需要大量的资金投入。这种食品的高生产成本就决定了食品在市场流通中的高价。进一步实现与完善食品的优质、优价,更好地解决食品的高价问题,是我国食品今后发展中的重大挑战。

(3)食品流通渠道不健全。食品以保障产品质量为销售基础,因此对产品流通渠道有着较高的要求。从我国目前情况来看,食品的生产基地与食品销售企业分布地区有着较大差异,这就直接造成了我国食品的生产、加工与流通中的种种难题和挑战。因此,对保障高质为基础的食品来说,普及零售店、连锁超市、品牌直营店等模式以更好地为消费者提供优质、优价的产品是解决我国食品销售渠道问题的主要突破口。

(4)宣传、促销力度不够。产品品牌宣传与促销是产品扩大市场、引导消费的必要手段。目前,我国食品在品牌宣传与促销方面投入严重不足。我国食品的宣传促销手段大多数以产品外包装的形式出现在消费者面前,对消费者的说服力严重不足。随着信息技术手段的进步,网络、广播、电视、电子刊物等手段逐渐成为广告促销的主要方式,而我国食品企业中的大部分则采用传统的报纸、电视、广播等手段进行宣传、促销,导致食品的宣传力度与效果大大减弱。

二、食品营销的特性与发展前景

(一)食品营销

食品营销是一门以经济科学、行为科学、现代管理理论为基础,研究以满足消费者需求为中心的食品企业市场营销活动及其规律性的综合性应用科学。

虽然市场营销学是20世纪初从经济学的母体中脱胎出来的,但是,食品营销不是一门经济科学,而是一门应用科学,属于管理学的范畴。它是食品企业如何开拓市场,如何策划经营战略的活动。

从产品的角度来说,食品营销是指在从初级生产者到最终消费者的转移过程中,与投入品和消费品有关的所有交换和服务活动,强调营销的核心是交换;从企业的角度来说,食品营销是所有出售企业新产品的必要活动,例如,一个糕点企业的产品市场营销工作就需要处理产品设计、包装、品牌的选择、销售以及制订促销策略、定价策略和选择分销渠道等许多问题。

(二)食品营销的特性

食品营销具有微观性、边缘性、实用性三个显著特性。

微观性是指食品营销的研究主要是从食品企业的角度着重于微观市场营销活动的经营策略、方法与技巧。但食品市场是食品生产和食品交换的具体实现领域,市场机制的运行，市场结构、市场环境的形成，市场作用的发挥都是宏观问题，这就决定了食品营销学也要研究宏观问题。而研究角度是从食品企业出发，研究如何具体适应市场问题，所以，食品营销学研究的侧重点应该是微观问题。

边缘性是指当今世界随着社会不断发展，科学技术的日益提高，各门学科在形式上表现为综合性，在本质上表现为科学的整体化和传统科学部门的解体。食品营销更是这样，它是在经济学、心理学、商业学、社会学、统计学、管理学、市场营销学的基础上建立起来的一门新的学科。它应用了相邻学科的科学成果，把这些科学成果所获得的科学结论和科学概念运用于食品营销的策略方法和技巧的研究之中。

实用性是指食品营销的一切理论都来源于实践，在实践中不断充实、丰富和发展，反过来，它又能有效地指导实践。食品营销学的任务，就是通过对这些活动的研究，为食品企业实现利润提供有效的营销策略和方法。从这个意义来讲，食品营销就是研究如何赚钱的学问，是食品企业的“生意经”。

（三）食品营销的发展前景

中国食品市场将朝着方便化、营养化、多样化、功能化、安全化的方向发展，消费档次将逐渐提高。未来国际食品市场竞争的核心将集中在加工业的规模和科技水平方面，即通过实现规模经济和提高核心竞争力来争夺更大的市场份额。在这个过程中，网络营销成为不少食品企业正在尝试或已经尝试的营销方式。

入职培训专题 2

食品营销组织的管理文化

一、食品营销组织的组织构架

（一）营销组织架构

食品企业的营销组织架构确定各部门及人员的设置，明确各自的权限和隶属关系，以下是依据基础职能分工设置的组织架构（图 1-1）。

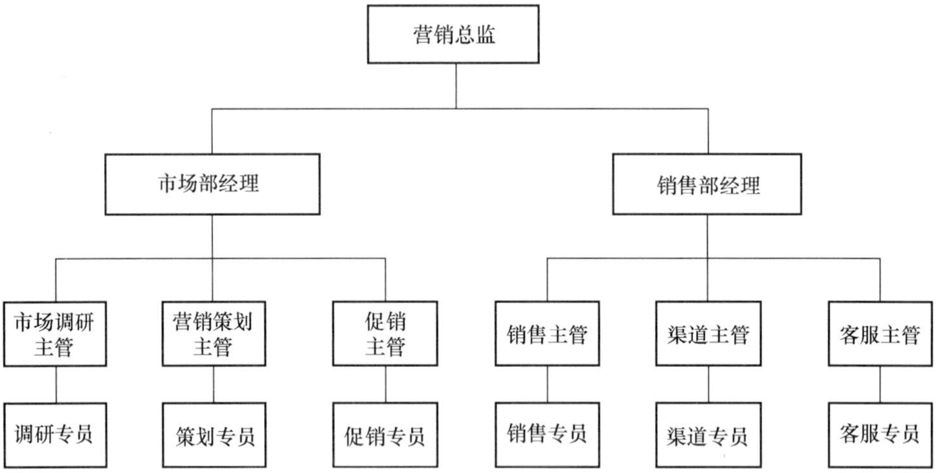

图 1-1　营销组织架构图

（二）营销岗位职责

（1）积极负责本企业产品的销售及推广；

（2）根据以往企业的营销计划，完成部门销售指标；

(3)不断探索创新,开发产品新市场,发展企业潜在新客户,增加企业产品市场网络营销范围;

(4)负责管辖区域内信息的收集及竞争对手的分析判断并确定实施方案;

(5)策划营销区域内营销活动、执行营销区域内的营销任务;

(6)细心管理、维持客户关系,保障与客户间的长期战略合作计划。

二、食品营销组织的营销模式

食品消费市场不断升级,供需情况不断变化,在新经济环境下,食品消费在区域、渠道以及品类上都表现出了较为明显的分化。与以往的营销模式相比,营销模式不断更新和新模式的出现是现代食品营销的一种趋势。

营销模式是一种体系,而不是一种手段或方式。目前应用较广的有:体验式营销、一对一营销、全球地方化营销、关系营销、品牌营销、深度营销、网络营销、兴奋点营销、数据库营销、文化营销等。

(一)体验式营销

体验式营销是从消费者的感官(Sense)、情感(Feel)、思考(Think)、行动(Act)、关联(Relate)五个方面,重新定义、设计营销的思考方式。此种思考方式突破传统上"理性消费者"的假设,认为消费者消费时是理性与感性兼具的,消费者在整个消费过程中的体验,才是研究消费者行为与企业品牌经营的关键。

(二)一对一营销

一对一营销属于整合营销模式。一对一营销的核心思想是:以"消费者份额"为中心,与消费者互动对话以及"定制化"。企业应该从关注市场占有率到关注个体消费者的"消费者份额"上来,关注本企业产品在个体消费者那里所拥有的份额,并努力提升这个份额。一对一营销的实施是建立在定制的利润高于定制的成本的基础之上的,这就要求企业的营销部门、研究与开发部门、制造部门、采购部门和财务部门之间通力合作。

(三)全球地方化营销

全球化营销是指在全球采用统一的标准化营销策略,应用前提是各国市场的相似性,具有规模经济性等优点;地方化营销则是指针对各个地方市场的不同需求量身定制相适应的营销策略,在各市场存在较大差异的前提下使用,优点是营销效果好,但成本昂贵。

(四)关系营销

关系营销是把营销活动看作一个企业与消费者、供应商、分销商、竞争者、政府机构及其他公众发生互动作用的过程,企业营销活动的核心是建立并发展这些公众的良好关系。作为企业来说,满足顾客的需要是生存的第一条件,但是企业还要时刻关注竞争对手的变化，要做到领先竞争对手一步。在和竞争对手的较量中，企业要考虑自己的成本情况，要做到适度领先。

（五）品牌营销

品牌作为一种重要的力量，在市场对决过程中作用巨大。一个有影响力的品牌可以征服消费者，从而取得越来越大的市场份额，这种现象已在食品领域中充分表现出来，未来的食品营销也离不开这一品牌制胜的市场竞争规律。品牌竞争就是以品牌形象和价值为核心的竞争，是一种新的竞争态势。

（六）深度营销

深度营销，就是以企业和消费者之间的深度沟通、认同为目标，从关心消费者的显性需求转向关心消费者的隐性需求的一种新型的、互动的、更加人性化的营销新模式、新观念。深度营销的核心，就是要抓住“深”字做“文章”。

（七）网络营销

网络营销的本质是一种商业信息的运行，可分解为产品信息、交易信息和感受信息三个要素。任何一种商业交换，其实都包含这三种信息，而基于互联网的营销方法就是根据企业经营的不同阶段，制订不同的信息运行策略，并主要通过网络方法来实现的营销设计与操作。

（八）兴奋点营销

必须有效地运用“恰当并且出人意料”的利益定位的方法，在消费者的脑海中寻找他们消费期望的核心要点在哪里，以及如何通过定位策略在消费者的脑海中建立具有差异化的品牌印象。

（九）数据库营销

企业通过单纯大众化营销及品牌营销走向市场的宏观运作时代即将结束，数据库营销作为一种个性化的营销手段，在企业获取、保留与发展消费者的各个阶段都将成为不可或缺的企业能力与有力工具。

数据库营销的核心要素是对消费者相关数据进行收集、整理、分析，找出目标沟通、消费与服务对象，有的放矢地进行营销与消费者关怀活动，从而扩大市场占有率与消费者占有率，提升消费者满意度与忠诚度，取得企业与消费者的双赢局面。

（十）文化营销

文化营销强调企业的理念、宗旨、目标、价值观、职员行为规范、经营管理制度、企业环境、组织力量、品牌个性等文化元素，其核心是理解人、尊重人、以人为本，调动人的积极性与创造性，关注人的社会性。文化广义指人类社会历史实践过程中所创造的物质和精神财富的总和。食品企业的文化营销指的是企业（组织）以文化为主体进行营销的行为方式。

三、食品营销组织的管理文化

（一）市场营销组织管理的主要内容

(1)合同票据管理。销售合同签订、合同管理、合同进度管理、成品库存管理；开具销售发票、发货、包装、运输管理、销售货款回收。

(2)市场供求研究。企业内部各种销售业务数据收集、处理，组织收集外部信息及开展市场调研与预测。

(3)市场管理。

产品客户管理：对产品客户的基本情况、交易状况、信誉状况及反馈意见进行管理。

销售专员管理：销售专员的计划、安排、检查考核和奖惩。

销售渠道管理：对销售渠道开发、联系、考核评价和支援；组织产品的包装、装饰和商标的设计。

（二）市场营销组织职责

(1)负责产品的市场渠道开拓与销售工作，执行并完成企业产品年度销售计划。

(2)根据企业市场营销战略，提升销售价值，控制成本，扩大产品在所负责区域的销售，积极完成销售量指标，提高产品市场占有率。

(3)与客户保持良好沟通，实时把握客户需求。为客户提供主动、热情、满意、周到的服务。

(4)根据企业产品、价格及市场策略，独立处置询盘、报价、合同条款的协商及合同签订等事宜。在执行合同过程中，协调并监督企业各职能部门操作。

(5)动态把握市场价格，定期向企业提供市场分析、预测报告和个人工作周报。

(6)维护已有的销售渠道和客户，并开拓新的销售渠道和新客户，自主开发及拓展上下游客户，尤其是终端客户。

(7)认真贯彻执行企业销售管理规定和实施细则，努力提高自身业务水平。

(8)积极完成规定或承诺的销售量指标，并配合销售代表的工作。

(9)负责与客户签订销售合同，督促合同正常如期履行，并催讨所欠应收销售款项。

(10)对客户在销售和使用过程中出现的问题、需办理的手续，帮助或联系有关部门或单位妥善解决。

(11)收集一线营销信息和客户意见，对企业营销策略、广告、售后服务、产品改进、新产品开发等提出参考意见。

(12)填写有关销售表格，提交销售分析和总结报告。

(13)做到以企业利益为重，不索取回扣，馈赠钱物上交企业，在外收回的外欠款，要在三个月内上交企业，逾期未交，构成犯罪，按挪用公款罪追究法律责任。

(14)对各项业务负责到底，对应收的款项和产品，按照合同的规定追踪和催收，出现问题及时汇报、请示并处理。

(15)出差时应节约交通、住宿、业务请客等各种费用，不得奢侈浪费。

(16)完成营销企业临时交办的其他任务。

第二部分

认识岗位

The second part

The second part
The second part
The second part

入职培训专题 1
认识学徒业务岗位

一、营销学徒制的概念以及岗位设置

（一）概念

营销学徒制是以就业为导向，在专业基础知识“有用、够用”的原则之上，为食品企业培养全面掌握食品营销基本知识及基本技能，兼向相关领域拓展的具有食品营销管理技术的高素质技术技能人才。

营销学徒制重视对学生技能教育的引导，通过企业、学校之间的合作，教学培养由企业导师、校内教师联合完成。

（二）岗位设置

通过对企业的访谈和销售岗位毕业生的调研，分析出食品营销岗位群的岗位有三类，分别是基础销售岗、策划管理岗、营销管理岗（图 2-1）。

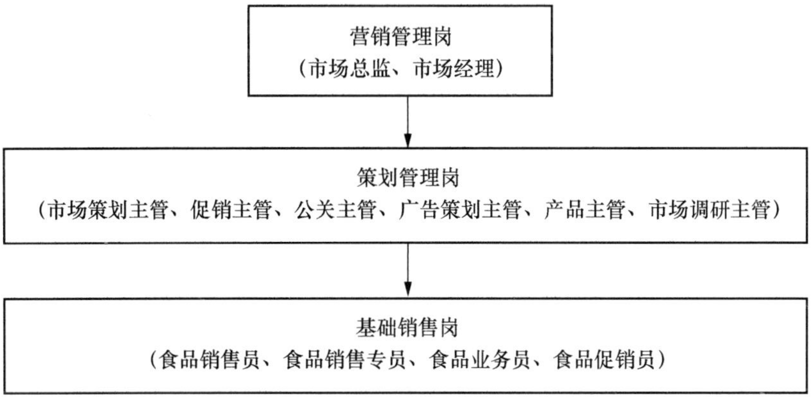

图 2-1　食品营销岗位群

（三）岗位职责、要求

食品营销的三类岗位群又具体分为不同岗位，见表 2-1，按照不同岗位群对各个岗位的职责及要求进行分解。

表 2-1　营销岗位职责、要求

序号	岗位名称	岗位职责	岗位要求	类别
1	市场总监	组织编制年度市场运行计划及营销费用； 组织研究、拟订企业营销、市场开发方面的发展规划； 组织收集市场销售信息、新技术产品开发信息、用户的反馈信息等	市场分析、预测； 产品开发规划制订； 营销方案制订	管理类
2	市场经理	负责企业市场运营等各项目标和计划的落实执行； 负责拟订产品销售执行方案，并监督执行	产品开发与设计； 营销方案制订	
3	市场策划主管	根据企业战略规划、年度广告宣传计划及市场情况，负责制订品牌宣传、广告策划方案； 组织指导撰写企业重大项目策划方案，并对活动进行整体协调和把控	策划实施管理； 营销方案策划； 市场规划制订	
4	促销主管	根据企业销售战略及目标，制订企业年度促销方案并组织实施； 组织开展企业促销活动并进行市场分析	促销活动策划； 促销活动实施管理	策划类
5	公关主管	协助策划并推进企业各类大型公关活动，包括企业媒体发布会的组织等； 监测舆情事件以及处理反馈	公共活动策划； 公关活动实施管理	
6	广告策划主管	负责企业广告策划等相关活动； 组织广告宣传效果评估等	广告设计； 广告活动策划； 媒体沟通与监督管理	
7	产品主管	组织开展产品需求调研； 根据企业发展战略，制订企业年度产品开发规划	产品策划； 客户管理； 产品设计管理	
8	市场调研主管	组织开展市场调研活动，撰写调研报告； 获取并反馈竞争对手、消费者信息以及其他信息	市场调研分析； 竞争对手、产品开发、客观管理等相关活动调研分析	

续表 2-1

序号	岗位名称	岗位职责	岗位要求	类别
9	食品销售员	负责产品的销售以及售后服务等工作； 负责销售区域内销售活动的策划与执行，按时完成销售任务	服务消费者； 开拓市场； 产品管理	销售类
10	食品销售专员	负责企业产品的销售及推广； 开拓新市场、发展新客户、增加产品销售范围	客户沟通接洽； 客户的维护管理； 信息的整理； 分析决策	
11	食品业务员	完成企业下达的年度销售目标； 完成终端市场分销、铺货和生动化陈列等工作	客户沟通接洽； 客户的维护管理； 食品货物陈列； 客户调研与反馈	
12	食品促销员	定期电话跟踪目标消费者，做好消费者的售前、售中和售后服务； 按期完成产品的盘点工作，提供准确无误的数据资料	消费者沟通； 产品知识介绍； 消费者服务； 消费者调研； 产品贮存管理	

二、职业核心能力

营销学徒应具备以下能力：营销环境分析能力、市场调研能力、市场需求预测能力、消费者行为分析能力、目标市场营销能力、产品选择能力、价格策划能力、食品营销渠道选取能力、促销方案制订能力、食品市场营销组织领导能力、创新能力。

入职培训专题 2
岗位工作流程与安全生产

一、岗位工作流程

食品营销类岗位工作流程是：市场营销环境调研→市场细分→市场定位→消费者需求调研→产品策划→产品研发→产品定位（包装、价格、渠道、广告）→产品促销（图 2-2）。

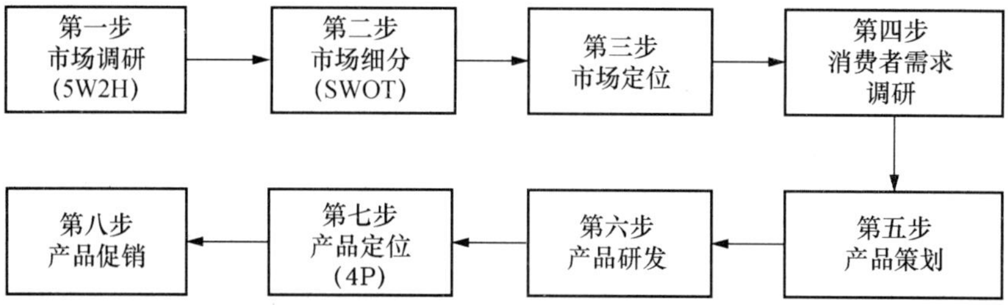

图 2-2　岗位工作流程

二、岗位安全生产要求

（一）业务安全

（1）务必保管好企业涉密文件。

（2）未经授权或批准，不得对外提供含有企业机密的文件或其他未公开的经营状况、财务数据等。

（3）对非本人职权范围内的企业机密，应做到不打听、不猜测、不传播。

（4）发现有可能泄密的现象应立即向有关上级报告。

（5）学徒在企业期间不得将任何保密资料进行转存携带。

（6）学徒在企业期间不得私自将内部资料以任何方式透露给他人。

（二）岗位工作安全

(1)每年必须进行健康检查，取得健康证后方可参加工作。

(2)学徒应保持个人卫生，在销售食品时，必须将手洗净，穿戴浅色、清洁的工作衣、帽，头发应全部束于帽内。

(3)在接触直接入口食品时应戴口罩，在销售直接入口食品时，必须使用售货工具。

(4)在接触食品之前和大小便后必须洗手、消毒，防止污染食品。

(5)上岗时不得吸烟，不得用手指直接尝味，不得佩戴手镯、戒指、手链、手表、耳环和涂指甲油。

(6)应当做到勤洗手、勤剪指甲、勤洗澡、勤理发、勤洗衣服、勤换工作服，不得随地吐痰。

(7)学徒必须在接受食品卫生法规和食品卫生知识的培训，并经考核合格后，方可从事岗位工作。

（三）自身安全

(1)公务外出或出差必须乘坐企业指定交通工具，并按规定标准住宿，不得乘坐如摩托车、三轮车等非客运机动车，无论有无驾照均不允许驾驶机动车辆。

(2)企业定期就生活场所、工作场所安全，交通安全，饮食安全，学徒日常行为等方面进行全面检查，并开展不定期抽查。

(3)严格遵守企业以及指导教师的相关要求，在工作场所戴好防护用具，注意个人及他人安全。

(4)不得夜不归宿、留宿外来人员、上夜网。晚上外出办事必须办理请假手续。

(5)学徒在企业期间做好水、电、暖安全，上班前、睡觉前检查宿舍水、电，确保安全，不使用大功率电器。

(6)注意保护个人隐私，不将个人信息、银行卡等重要物品随意乱堆乱放，不与工作同事发生经济纠纷，预防电信诈骗。

入职培训专题3
岗位业务能力要求和职业素养要求

一、岗位业务能力要求

食品营销的三类岗位群职责不同，工作内容和要求不同，所需要的知识和能力要求也不同，根据各个岗位的工作任务，将所需要的知识和具备的能力进行整理，以供岗位学徒进行对比学习，见表 2-2。

表 2-2　岗位知识、能力要求

序号	岗位名称	知识要求	能力要求	素质要求
1	市场总监	掌握企业战略的意义； 掌握企业的各岗位职责； 掌握企业的组织框架和创建要求	具备综合组织协调能力、沟通能力； 具备撰写企业年度市场规划、调研报告、总结能力	1. 良好的思想素质： 践行社会主义核心价值观：友善——对他人充满善意，服从领导，与同事、同行友好合作、交流；敬业——在应用食品营销实践中尊重自己的行业，保持认真、严谨、负责的态度；诚信——言出必行，实事求是，在营销策划中不做虚假宣传，夸大其词；平等——在营销实践中平等互助，
2	市场经理	掌握产品的开发和淘汰策略； 掌握品牌的发展策略； 掌握产品的开发和营销管理策略	具备建立客户关系的能力； 具备市场分析以及判断能力	
3	市场策划主管	熟知食品调研的方法，学会运用 SWOT 分析法分析调研结果； 具有市场营销、传播学理论、广告理论等相关知识	熟练掌握、运用 SWOT 分析法； 能够运用价格策略给产品定价	
4	促销主管	分析运用价格策略、渠道策略、广告策略、产品策略，能够运用营销理论综合评价营销策划方案； 掌握销售渠道的开发和管理策略	具备产品销售的渠道策略的选择能力； 掌握企业定价的基本方法和技巧	

续表 2-2

<table>
<tr><th>序号</th><th>岗位名称</th><th>知识要求</th><th>能力要求</th><th>素质要求</th></tr>
<tr><td>5</td><td>公关主管</td><td>掌握企业相关信息和产品知识，熟悉产品相关市场动态；
熟悉公共关系相关知识，掌握公关技巧及方法</td><td>具备良好的公关能力、沟通能力；
具备市场洞察能力和分析能力；
具备较强的逻辑思维能力</td><td rowspan="8">能够做到平等、融洽；法治——树立依法宣传、依法营销的观念。
除此之外，还要具备：团结——在分组实践中团结配合，共同完成任务，具备团队意识；仁爱——对消费者的健康负责，对产品的质量负责；自律——严格约束自己课前、课中、课后学习行为。
2. 良好的业务素质：
具备网络安全意识和团队合作精神，在课前、课中、课后的网络学习过程中，注重网络安全，掌握收集市场信息的方式和方法，从而获取预期资讯信息；掌握专业操作技能，不断提高自身业务素质，同时，通过小组学习，在团队沟通和交流中，提高应变能力与人际交往能力</td></tr>
<tr><td>6</td><td>广告策划主管</td><td>了解促销策略的特点、内容和方法；
掌握分析竞争对手的方法，并能根据竞争对手的情况选择对策</td><td>具备产品广告构思能力；
具备应用网络营销的开展和管理问题能力</td></tr>
<tr><td>7</td><td>产品主管</td><td>掌握食品营销市场及市场特征；
掌握市场调研的步骤和方法开展市场的需求调研活动，确定产品定位</td><td>具备市场定位能力；
熟练掌握产品的生命周期和疲软产品的淘汰策略</td></tr>
<tr><td>8</td><td>市场调研主管</td><td>掌握市场调研计划制订方法，数据整理分析，调研报告的撰写；
掌握目标市场选择依据及产品定位策略</td><td>具备市场环境分析能力；
具备营销调研及分析能力</td></tr>
<tr><td>9</td><td>食品销售员</td><td>掌握市场营销微观、宏观环境特点及作用，掌握营销环境分析法；
掌握影响消费者购买行为的要素</td><td>具备产品或业务的推广能力；
具备营销策划活动能力</td></tr>
<tr><td>10</td><td>食品销售专员</td><td>掌握食品营销调研的目标分析法，调研类型选择原则；
掌握销售渠道的开发和管理策略；
掌握促销含义和基本原理</td><td>能够编写市场营销环境分析、消费者分析报告；
能够收集市场信息，掌握区域市场动态特点和趋势</td></tr>
<tr><td>11</td><td>食品业务员</td><td>掌握食品的种类、特性，食品企业的特点，我国食品企业营销现状；
了解促销策略的特点、内容和方法</td><td>具备应变能力；
能够分析市场需求；
具备产品推广能力</td></tr>
<tr><td>12</td><td>食品促销员</td><td>掌握促销含义和基本原理；
掌握影响消费者购买行为的要素；
掌握消费者购买决策过程分析法</td><td>具备沟通能力；
具备良好的客户服务意识</td></tr>
</table>

二、职业素养要求

食品营销人员不仅要具备相关专业知识和日常生产问题处理能力，还需具备与相关人员良好沟通的能力、环境适应能力、忍耐艰苦生产环境的吃苦耐劳精神和一丝不苟的质量管理态度，此外，营销人员应具有优秀的思想政治素质，深入学习和掌握党的二十大精神，并且能将其融入日常的营销工作中。

企业对营销学徒职业素养的具体要求，见表2-3。

表 2-3　职业素养要求

序号	工作项目	知识要求	能力要求	素质要求
1	市场营销环境调研	市场调研的种类、内容步骤； 市场调研计划制订知识； 市场调研报告撰写的知识； 市场营销宏观环境、微观环境知识； 市场营销环境分析法	营销环境分析能力； 市场调研能力； 调研文本撰写能力	认真负责，有团队精神和学习上进心；形象良好，思维敏捷，口齿清楚，应变及人际交往能力强；讲求信誉，公平竞争；善待消费者，热情服务；注重调研，善于创新，热爱岗位，遵纪守法
2	市场细分	市场细分的概念、原则与依据； 市场细分的方法； 细分市场的评估	市场分析能力； 数据处理能力	
3	市场定位	市场定位的过程与方法； 市场定位的战略及有效性	战略规划能力； 企业管理能力	
4	消费者需求分析	调研问卷的设计，调研技术制订； 消费者需求及购买行为分析； 影响消费者购买行为的因素	市场调研能力； 消费者分析能力； 客户分析能力	
5	产品策划研发	产品整体的概念及意义； 品牌及品牌文化； 品牌及包装策划的方法	产品策划能力； 品牌策划能力； 包装策划能力	
6	产品定位	产品定价的影响因素及方法； 产品营销渠道的功能与类型； 产品营销渠道的设计法	定价策划能力； 营销渠道策划能力	
7	产品促销	进行有效促销的影响因素； 产品广告策划的方法； 人员促销的步骤和管理； 公共关系活动的策划； 营业推广的策划方法； 产品及广告的评测知识	广告设计能力； 公共关系策划能力； 营业推广策划能力； 广告实施评测能力	

第三部分

学徒工作学习任务

The third part

The third part

The third part

The third part

项目一
食品企业宏观营销环境调研分析

【项目描述】

食品企业宏观营销环境，是指那些给企业提供市场机会或造成环境威胁的主要社会力量，主要体现在食品企业的营销活动与宏观环境的适应性上。食品企业只有不断适应宏观环境的变化，才能保持旺盛的生命力，在竞争中处于不败之地。

【专业知识准备】

一、市场营销环境的概念及特点

（一）市场营销环境的概念

市场营销环境，是指存在于企业营销部门外不可控制的因素和力量，这些因素和力量是影响企业营销活动及其目标实现的外部条件。

（二）市场营销环境的特点

(1)客观性。环境作为营销部门外在的不以营销者意志为转移的因素，对企业营销活动的影响具有强制性和不可控的特点。要求企业主动适应环境的变化和要求，制订并不断调整营销战略。

(2)相关性。营销环境因素间相互联系、相互影响、相互制约，某一因素的变化，必然导致其他因素的变化，然后形成新的营销环境。

(3)差异性。在不同的国家或地区之间，宏观环境存在着广泛的差异。不同国家或地区的企业，宏观环境千差万别，而同一环境的变化对不同企业的影响也不同。

(4)多变性。市场营销环境是一个动态系统，每一个环境都随着社会的发展不断变化。这种变化，既会给企业提供机会，也会给企业带来威胁。企业虽然很难准确无误地预见未来环境的变化，但可以通过设立预警系统，追踪不断变化的环境，及时调整营销策略。

二、市场营销环境的构成

(1)微观环境。是指与企业紧密相连，直接影响企业营销能力的各种参与者。

(2)宏观环境。是指影响微观环境的一系列巨大的社会力量，代表企业不可控制的变量。

三、宏观环境构成要素

市场营销环境是指与企业市场营销有关的，影响产品的供给与需求的各种外界条件和因素的综合。它包括内部环境和外部环境、宏观环境和微观环境。

宏观市场营销环境，是指能够影响整个微观环境的社会因素，包括人口环境、经济环境、自然环境等。

1. 人口环境

人口环境主要有人口规模、地理分布、年龄分布、迁移状况等因素。人口规模制约着个人或家庭消费产品的市场规模。人口的地理分布决定消费者的地区分布。

消费者地区分布密度越大，消费者的嗜好就越多样化，对市场的产品选择性也就越大，这就意味着多种多样的市场机会。年龄分布决定以某年龄层为对象的产品的市场规模。各年龄层都使用的产品市场，对产品的选择性大，产品也就越多样化。

各年龄层比例发生变化，市场规模将随之变化，对于以特定年龄层消费者为对象的企业来说，将成为市场机会或威胁，例如，近几年某些国家儿童出生率降低，导致婴幼儿产品市场缩小。此外，人口的流动，例如从郊区流向城市、从城市流向郊区、从东部移至西部等，都会引起市场需求的变化。

2. 经济环境

经济环境直接影响到食品企业的经济效益。食品企业营销是在一定的经济环境下展开的，因此在进行营销活动前必须全面了解、分析经济环境。

企业的经济环境包括：宏观经济形势(如国民经济发展水平及其发展趋势)，人民生活水平的变化，政府财政，金融情况等。其中，企业的直接经济环境包括：人均实际收入、平均消费趋向、消费支出分配模式。这三个因素构成对特定产品的购买力及该特定产品原材料需求的可能增长量。

3. 自然环境

企业所在地的自然资源与生态环境，包括生产的布局、人的生存环境、自然资源、土地、草原、森林、河流、海洋、生物、矿产、能源、水源、环境保护、生态平衡等方面的发展变化，会给企业造成一些环境威胁或带来机会，因而自然环境也是企业所必须重视的问题。企业不仅要分析自然资源的现状，而且要分析、研究自然环境方面的动向。

4. 科技环境

现代社会生产力水平的提高，主要依靠设备的技术开发，创造新的生产工艺、新的生产流程。同时，技术开发也扩大和提高了劳动对象的利用广度和深度，不断创造新的原材料和能源，例如，农业技术的不断改进，对农产品的成活率、产量、质量、口味等都有着重要的影响。科学技术的发展使产品更新换代速度加快，产品的市场寿命周期缩短。农业科学技术的发展，也使名、优、特、新的蔬菜、水果、花卉新品种不断在市场上推出，炙手可热的技术和新产品转瞬间成为“明日黄花”。这要求农产品经营者不断地进行技术革新、更新品种，以赶上技术进步的浪潮。市场营销人员也应顺应产品发展的形势，采取相应的对策。

5. 政治和法律环境

政治环境是指企业市场营销的外部政治形势，它会导致市场需求的变化。

法律环境是指国家或地方政府颁发的各项法规、法令和条例等。法律环境对市场消费需求的形成和实现具有一定的调节作用。企业研究并熟悉法律环境，既可保证自身严格依法管理和经营，也可运用法律手段保障自身的权益。

食品营销企业首先要考虑国家或地区政策、法律环境，在国家或地区允许的基础上进行经营。目前，我国对食品经营出台了很多政策法规，如《中华人民共和国食品安全法》《食品生产许可管理办法》等，以及《中共中央 国务院关于深化改革加强食品安全工作的意见》《食品安全标准与监测评估“十四五”规划》和《国家发展改革委 工业和信息化部关于促进食品工业健康发展的指导意见》。对食品营销品种、营销人员资格、食品流通和安全都做了明确规定。

6. 社会文化环境

社会文化主要指一个国家或地区的民族特征、价值观念、生活方式、风俗习惯、宗教信仰、伦理道德、教育水平、语言文字等的总和。

社会文化，是在人们的社会实践中形成的，是一种历史现象的沉淀。

社会文化一般由两部分组成：一是全体社会成员所共有的基本的核心文化；二是具有不同的价值观、生活方式、风俗习惯的亚文化。

社会文化环境因素决定了独特的生活学习方式，规定了人们的行为准则及道德规范，这些都会直接影响消费者的购买行为。

【经典案例】

在奥地利首都维也纳有专门为50岁以上人群服务的购物场所，其标志为“50＋”超市，“50＋”超市创意很简单，但又很独到。超市货架之间的距离比普通超市大得多，老人可以慢慢地在货架间选货而不会显得拥挤；货架间设有靠背座椅；购物推车装有刹车装置，后半截还设置了一个座位，老人如果累了还可以随时坐在上面歇息；货物名称和价格标签比别的超市要大，而且更加醒目；货架上放着放大镜，以方便老人看清物品上的产地、标准和有效期等。如果老人忘了带老花镜，可以到入口处的服务台去临时借一副老花镜戴上。

最重要的是，超市只雇用50岁以上的员工。对此，一家“50＋”超市经理说：“这受到了顾客的欢迎，增加了他们的信任感。”从中获益的不仅仅是顾客，雇用的员工重新获得了工作，他们十分珍惜这份工作，积极性特别高。

“50＋”超市由于考虑周到，深受老人欢迎。同时被其他年龄层，例如带孩子的年轻母亲所接受。“50＋”超市商品的价格与其他没有特殊老年人服务的所有超市一样，营业额却比同等规模的普通超市多了20％。

案例分析认知：

一、以上案例是由宏观环境中的哪一项引起的？________________________

____

二、你认为在这方面还有哪些营销机会？________________________

____

三、谈谈你的感想。________________________

____

任务1　制订食品企业宏观营销环境调研分析计划

【任务内容】

制订食品企业宏观营销环境调研分析计划：

（1）根据企业目前的经营状况和发展需求，对××食品企业制订宏观营销环境调研分析计划；

（2）确定主题，列出提纲，收集、整理食品企业宏观营销环境的相关资料；

（3）根据企业目标和现有资源制订食品企业宏观营销环境调研分析计划，编写文本。

【任务目标与质量要求】

任务目标与产出

编写出结构合理，内容得宜，具有一定写作水平的食品企业宏观营销环境调研分析计划，能在文本中体现以下内容：分析的目标和目的、分析项目和范围、分析资料取得的方法、分析的时间段频率和进度安排、人员和工作安排。

质量要求

食品企业宏观营销环境调研分析计划的格式及内容要求如下。

一、封面

宏观营销环境调研分析计划的封面需提供以下信息：

(1)分析计划的名称;

(2)分析机构或分析人的姓名;

(3)分析计划制订的日期。

二、目录

目录必须层次分明,格式整齐,目录中所标页码与实际页码必须保持一致。

三、正文

1. 前言

在前言部分,对企业宏观营销环境调研分析的原因等进行说明。

2. 宏观分析目的

说明企业开展这次宏观营销环境调研分析的原因,指明该分析结果能给食品企业带来的决策价值、经济效益、社会效益以及在理论上的重大价值等。

3. 基本信息

(1)分析时间。确定本次食品企业宏观营销环境资料收集和分析的时间。

(2)项目分析范围。分析范围包括分析的宽度、深度,也就是说企业需要分析地区、年份跨度、所收集和分析数据详细的程度。以人口环境为例,分析的是哪个省或哪个市,分析从哪年开始到哪年截止的趋势变化,分析频次是1年1次还是5年1次,等等。

(3)宏观分析对象。在确定了食品企业宏观营销环境调研分析项目后,需要研究的是如何去收集相关资料,去哪里收集资料,所以要根据项目确定分析对象(资料来源),比如人口和经济资料主要来自政府统计部门,自然环境分析资料主要来自生态环境部门,等等。

(4)分析资料的获取方式和方法。根据分析项目的情况确定搜集资料的方式,一般的宏观数据以二手资料居多,常采用文案法,收集资料也以普查居多,也会根据情况适当地采用其他的方法。

4. 分析内容

通过对食品企业目前经营的产品顾客群体、所处的地理位置、相应的政策法规等进行对比分析,确定出对企业影响比较大的因素,然后进行资料收集和分析,也可以对人口环境、经济环境、自然环境、科技环境、政治和法律环境、社会文化环境等六个方面都进行分析。确定分析项目后,根据分析项目列出分析提纲或绘制分析表格。

5. 分析人员及工作安排

针对食品企业宏观营销环境调研分析的需要成立相应的市场分析小组,选出组长并筛选成员,明确每个小组成员的工作任务。

6. 工作进度安排

根据食品企业宏观营销环境调研分析的整个过程安排时间表,确定各阶段的工作内容及所需时间。

7. 费用预算

进行宏观分析分项目、分阶段的费用的预估和计算，列出预算计划。

【业务经验】

企业宏观营销环境调研分析计划要对整个资料收集分析过程的各个方面进行考虑，包括分析工作过程的全内容。宏观分析计划是否科学、可行，是整个分析过程成败的关键。宏观分析计划主要包括以下几方面内容。

1. 明确分析目的

明确分析目的是计划制订的首要问题。就是说明食品企业为什么要开展宏观营销环境分析，应指明该分析结果能给食品企业带来的决策价值、经济效益、社会效益以及在理论上的重大价值等。按照食品企业的不同需要，宏观市场分析的目的有所不同。

2. 确定宏观分析项目

分析项目是指要分析的主要内容，确定分析项目就是要明确从分析对象一方收集哪些相关资料，了解哪些问题，调查项目涉及宏观环境哪个因素，可以根据情况选择对企业影响比较大的因素进行分析，也可以对六个方面都进行分析，然后进行汇总。

在确定分析项目时，除要考虑分析目的和分析对象的特点外，还要注意以下几个方面：

(1)确定的分析项目应当既是分析任务所需的，又是能够取得答案的，否则不应列入。

(2)项目的表达必须明确，要使答案具有确定的表现形式，如数字或文字，否则会因产生不同的理解而得出不同的答案，造成汇总困难。

(3)确定分析项目应尽可能做到项目之间相互关联，使取得的资料相互联系，以便了解现象发生变化的原因、条件和后果，便于检查答案的准确性。

3. 制订分析提纲和分析表

当分析项目确定后，可将分析项目科学的分类排列形成分析提纲或分析表，方便资料登记和汇总。分析表一般由表头、表体和表脚三部分组成。

表头包括分析表的名称、分析对象的名称、性质和隶属关系，表头上填写的内容一般不做统计分析之用，但它是核实和复查的依据；表体包括分析项目、资料来源和计量单位，它是分析表的主要部分；表脚包括分析者或填报人、签名和日期等，其目的是明确责任，一旦发现问题，便于查询。

分析表分单一表和一览表两种，单一表是指每张调查表只登记一个分析项目的资料，常在项目较多的时候使用。它的优点是便于分组整理，缺点是每张表都有调查地点、时间及其他共同事项，造成人力、物力和时间的耗费较大。一览表是一张表，可以登记多个项目的资料。它的优点是当项目不多的时候，应用一览表能使人一目了然，还可以使表中各有关项目的资料相互核实。

分析表拟定后，为便于正确填表、统一规格，还要附填表说明，内容包括调查表中各个项目的解释、有关的计算方法以及填表时应注意的事项。填表说明应力求准确、简明扼要、通俗。

4. 确定宏观分析的对象

这主要是要解决从哪里获得分析所需的资料和由谁来提供分析资料的问题，宏观分析对象是根据分析目的和任务确定的分析范围和需要分析的整体，它由性质上相同的一些单位或者资料、信息提供者构成。

5. 确定分析资料的获取方式和方法

在分析方案中，还要规定采用什么组织方式和方法取得分析资料。搜集资料的方式有普查、重点调查、典型调查、抽样调查等，具体的方法有文案法、访问法、观察法等。在分析时，采用何种方式、方法获取分析资料不是固定和统一的，而是取决于分析对象和分析任务。在市场经济条件下为准确、及时、全面地取得市场信息，尤其应注意多种分析方式综合运用。

6. 确定项目分析的时间和分析范围

分析时间是指分析资料所属的时间。如果所要分析的是时期现象，就要明确规定资料所反映的是分析对象从何时起到何时止的资料；如果所要分析的是时间点的现象，就要明确规定统一的标准和时间点。分析期限是规定分析工作开始的时间和结束的时间，包括从方案设计到提交报告的整个工作时间，也包括各个阶段的起始时间。其目的是使分析工作能及时开展，按时完成。

分析范围包括分析的宽度、深度。宽度指的是所收集的宏观环境资料的范围；深度决定了所收集和分析的数据详细的程度。以人口环境为例，宏观分析的范围宽度是指进行分析所选定的区域，即分析的是哪个省或者哪个市，深度则是指分析多少年的变化，分析频次是 1 年 1 次还是 5 年 1 次，等等。

7. 确定分析项目分工

如果是多人合作的分析项目，为确保分析任务的顺利完成，必须明确组织方式、相互关系、人员分配、工作安排、工作步骤及善后处理。同时要明确每部分任务的起止时间和质量要求。

【工作程序与方法引导】

一、工作程序

二、方法引导

企业宏观营销环境调研分析计划在制订的时候，首先要结构完整，其次在制订计划前一定要清晰的标明前因后果。在制订计划时，一定要结合企业实际情况，确定项目、范围和时间区段，切忌盲目扩大范围，避免不必要的浪费。宏观营销环境调研分析计划的基本结构和要求，见表 3-1。

表 3-1 宏观营销环境调研分析计划基本结构

构成		内容	基本要求
封面		调研名称、调研机构名称、调研计划完成人员姓名、调研计划完成日期、调研编号等	信息完整
目录		分析项目提纲	一目了然
正文	前言	宏观环境对企业发展现状的影响	背景交代清晰
	目的	宏观分析的目的、意义	具体、明确、有效
	基本信息	项目实施时间、地点和范围、分析对象、资料收集方法	总体布局、科学、合理
	分析内容	食品企业宏观营销环境主要有：调研地区人口数量、城乡比、国民收入、消费习惯、自然资源以及国家或地区最新出台的一系列政策、法规等	清楚企业运营模式、销售目标，明确任务，表述要清晰、详细，对症下药
	分析人员	组建调研小组、选出组长、筛选调研人员，明确分工	人员配比合适，熟悉任务，沟通能力强，团结一致
	进度安排	调研活动时间安排	工作明确，分配合理；进度时间明确，结点清晰
	费用预算	调研表的设计和印刷费，人员培训费，人员劳务费，结果统计处理费用	合乎实际、经费预算清单简明扼要。根据实际开支，在企业经费许可内预算经费

【学徒任务】

××食品企业宏观营销环境调研分析计划

一、封面

二、目录

三、正文

1. 前言

2. 目的

3. 基本信息

4. 分析内容

5. 分析人员

6. 进度安排

7. 费用预算

【考核与评价】

一、任务考核

师傅根据学徒在制订食品企业宏观营销环境调研分析计划过程中的具体表现、计划的完整性和可行性进行量化考核，占40%；学徒与其他工作伙伴的协同合作，占25%；合作伙伴对学徒活动中的表现进行评价，占20%；学徒对自己的活动表现进行自评，占15%。师傅打分时要充分考虑每个学徒的综合表现以及在整个食品企业宏观营销环境调研分析计划制订中的作用、表现和贡献。

二、效果评价

1. 自我评价

(1)通过本次学习我学到的知识点/技能点有：________________________________

____

不理解的有：____

(2)我认为在以下方面还需要深化学习并提升岗位能力：____________________

____

(3)在本次工作任务学习过程中，我的表现可得：□ □ □

2. 综合评价

项目	评价内容：综合能力评测 (1)请在对应条目○内打“√”“×”，不确定的条目不填，可以在小组评价时让本组同学讨论并写出结论。 (2)评价结果全对得 ，错一项得 ，错两项得			评价等级（学生互评）		
工匠精神测评（组内互评）	○按时到场	○书、本、笔齐全	○责任心强			
	○工作积极主动	○合理使用学习资源	○主动帮助他人			
	○接受工作分配	○有效沟通	○高效完成工作任务			
专业能力测评（组内互评）	○封面内容完整、清晰	○目录清晰、符合要求	○前言描述清晰			
	○目的具体、明确	○基本信息完整、科学	○内容明确、可行			
	○人员结构合理	○进度明确、可行	○预算准确、合理			

任务2 食品企业宏观营销环境资料收集

【任务内容】

(1)根据宏观营销环境调研分析的需要实施宏观营销环境资料的收集；

(2)根据宏观营销环境调研分析计划确定主题、列出资料收集的提纲与要求、收集整理食品企业宏观营销环境的相关资料；

(3)进行宏观营销环境资料的整理和筛选，按照分类进行整理、总结并完成整理好的宏观营销环境资料初级文本。

【任务目标与质量要求】

任务目标与产出

完成宏观营销环境资料的收集，并按照宏观营销环境分类整理出初级资料文本。

质量要求

1. 宏观营销环境资料文本提纲要清晰，内容合理，要能体现企业需求。

2. 宏观营销环境资料中要明确指出宏观营销环境资料调研的采用方法和对象，明确资料来源。

3. 宏观营销环境资料按照宏观营销环境进行分类整理，分类要能体现该环境的基本情况、发展历程和趋势。

(1)人口环境。一个地区某时间段的总人口、人口分布、年龄结构等。

(2)经济环境。城市经济特性，地区经济发展规模、速度、效益、趋势，所在地区的经济结构、居民收入、消费结构、消费水平，经济开发程度及合作对外贸易情况。

(3)自然环境。自然环境的主要动向，当地政府的政策和导向。

(4)科技环境。某食品行业的新工艺、新技术，技术发展态势，以及这些新技术引起企业市场营销策略的变化。

(5)政治和法律环境。相关的食品法律、法规、政策，国家相关产业的发展计划，国内、国外的政治局势。

(6)社会文化环境。某个国家、地区的民族特征、价值观念、生活方式、风俗习惯、宗教信仰、伦理道德、教育水平、语言文字等。

4. 宏观营销环境资料文本需要标明资料收集的区域、年限、时间(起点、终点)。

【业务经验】

在确定食品企业宏观营销环境调研分析目的、制订好食品企业宏观营销环境调研分析计划后，就可以开始进入食品企业宏观营销环境资料收集阶段，此阶段需要了解的内容有两项：一是设计食品企业宏观营销环境资料收集提纲；二是食品企业宏观营销环境资料收集方法。

一、设计食品企业宏观营销环境资料收集提纲

宏观营销环境分析主要围绕人口环境、经济环境、自然环境、科技环境、政治和法律环境、社会文化环境六个方面，分析需要大量的宏观信息资料，那么到底要如何收集资料？这就需要在确定了分析项目后，围绕着分析项目确定收集提纲。收集提纲确立后，资料收集就有了方向。提纲的设计直接关系到宏观营销环境资料收集质量，进而影响宏观分析的成功，需要认真、仔细地设计和斟酌。以下是一些宏观营销环境资料收集的导向：

（一）人口环境

1. 总人口

一个国家或地区总人口数量的多少，是衡量市场容量的重要因素。统计和分析总人口的变化，可使我们对市场的食品需求有一个准确的了解。

2. 人口地理分布

居住在不同地区的人群，由于地理环境、气候条件、自然资源、风俗习惯的不同，食品消费需求的种类和数量也不尽相同，购买习惯与购买行为也存在差别。

3. 年龄结构

消费者的年龄差别，导致其对食品有不同的需要，因此形成各具特色的市场。

4. 人口性别

性别差异导致购买习惯与行为也有很大差别。

5. 家庭单位与人数

家庭是社会的细胞，也是食品采购的基本单位。

6. 居民社会成分

居民的籍贯、民族、职业、宗教信仰等方面的情况不同，需求不同。

7. 教育程度

受教育程度越高的消费者，购买食品的时候对安全健康要求越高。

（二）经济环境

1. 消费者收入的变化

消费者收入的高低直接影响购买力的大小，从而决定市场容量和消费者支出模式。

(1)国民收入。指一个国家物质生产部门的劳动者在一定时期内所创造价值的总和，大体上反映一个国家的经济发展水平。

(2)个人收入。指个人在一定时期内通过各种来源所获得收入的总额，大体反映了

市场购买力水平。

(3)个人可支配收入＝个人收入－(税款＋非税性负担)，也就是个人能够用于消费支出的数额。

(4)个人可任意支配收入＝个人可支配收入—维持生活所必需的支出(房租、水电、衣食等)，这部分收入是消费者可以任意投向的收入，因而是影响消费需求最活跃的经济因素。这部分收入越多，人们的消费水平就越高，企业营销的机会也就越多。

2. 消费者支出模式和消费结构的变化

(1)恩格尔定律。德国统计学家恩斯特·恩格尔提出的“恩格尔定律”，作为衡量一个家庭富裕程度的指标。其定律的主要内容是：

一个家庭收入越少，其总支出中用来购买食物的比例就越大；随家庭收入增加，用于购买食物的支出占总支出的比例下降，而用于其他方面的开支(通信、教育、保健、娱乐、交通工具)和储蓄所占的比例将上升。

因此，食品开支与家庭消费支出总额之比称作“恩格尔系数”。20世纪以来，经济学家们一直运用恩格尔系数来分析消费者支出模式和消费结构。恩格尔系数越小，表明生活越富裕；数值越大，则生活水平越低。因此，恩格尔系数是衡量一个国家、一个地区、一个城市、一个家庭生活水平高低的标准，反映了人们收入增加时支出变化趋势的一般规律，说明消费者收入的变化直接影响到消费者支出模式的变化。

(2)消费结构。指消费过程中人们所消耗的各种消费资料及劳务的构成，或者说是各种消费支出占总支出中的比例关系。

3. 消费者储蓄的变化对企业营销的影响

(1)消费者的收入通常分为两部分：一部分，是当前的消费开支，即消费者立即把收入作为支付手段使用；另一部分，暂不支出，作为储蓄，即收入＝现实消费＋储蓄。

(2)当收入一定时，储蓄量越大，现实支出数量就越小，也会影响企业销售量，但潜在购买力越强；储蓄量越小，现实支出数量就越大，现实购买力就越强，给企业提供的市场机会就越多，但潜在购买力越弱。

(3)影响储蓄的因素：收入水平、通货膨胀、市场商品供给状况、对未来和当前消费的偏好程度。

4. 消费信贷的增加对企业营销的影响

(1)消费信贷是指消费者凭信用先取得商品所有权，然后按期归还贷款，以购买商品。实际上就是消费者提前支付未来的收入，提前消费。

(2)属于分期付款的消费信贷，一般有下列几种：汽车分期付款、昂贵消费品分期付款、住房分期付款、个人信贷款、信用卡结算。

(3)消费信贷是一个经济杠杆，可以调节积累与消费、供给与需求之间的矛盾。

当生活资料供大于求时，可以发放消费信贷，刺激需求。

当生活资料供不应求时，收缩消费信贷，适当抑制、减少需求。

消费信贷把资金投向需要发展的产业，刺激这些产业的生产，带动相关行业和产品的发展。

（三）自然环境

自然环境主要指营销者所需要或受营销活动所影响的自然资源。

自然环境的主要动向：一些自然资源短缺或即将短缺；环境污染程度日益增加；国家政府对自然资源管理的干预日益加强，21 世纪，绿色营销成为市场营销的新领域，健康、环保、绿色、天然成为一种时尚。

目前来看，环保意识与营销观念结合所形成的绿色市场营销观念，正在成为食品营销的新主流。开发绿色产品、争取绿色标志、传播绿色文明将成为企业绿色营销活动的主要内容。

（四）科技环境

1. 新技术是一种“创造性的毁灭力量”

每一种新技术都会给某些企业提供新的市场机会，因而产生新的行业，但也可能给某些行业、某些企业造成威胁，使它们受到冲击或被淘汰。

2. 新技术引起企业市场营销策略的变化

产品策略，科技迅速发展，新产品开发周期大大缩短，产品更新换代加速。分销策略，科技进步，引起人们生活方式、兴趣、思想等差异性日益扩大，自我意识的观念日益加强。价格策略，新科技的发展，一方面降低了产品生产成本，从而使产品价格下降；另一方面通过信息技术，运用价值规律、供求规律、竞争规律来制订和修改价格策略。促销策略，科技发展引起促销方式多样化，尤其是广告媒体的多样化，广告宣传方式的复杂化。

3. 现代技术的发展具有以下趋势

技术变革加速，许多新技术、新发明层出不穷并迅速普及，产品生命周期缩短。创新机会无穷，科学家们现在所从事的新技术研究范围极广，凡是人们所需要的产品和劳务，总有源源不断的构思出现，并在技术上进步很快。技术革新的法规不断增多。

（五）政治和法律环境

1. 政治环境

政治环境指企业市场营销的外部政治形势，政治局面会导致市场需求的变化。不仅国家或地区的路线、方针和政策会影响企业的经营方向，而且一些重大的活动和事件也会影响企业经营的计划和策略。尤其是相关的法令、条例，直接鼓励或限制着某些商品的生产和经营。方针和政策有：人口政策、产业政策、能源政策、物价政策、财政金融货币政策。

党的二十大对全面建设社会主义现代化国家、全面推进中华民族伟大复兴作出重要部署，提出“构建全国统一大市场”，明确将食品安全纳入国家安全、公共安全统筹部署，要求“强化食品药品安全监管”。在政策引导下，各个食品企业和消费者对食品安全的认知提高，一方面，消费者更关注所买的食品是否安全，是否是“绿色”“有机”食品，另一方面，企业在营销中也会向消费者告知企业食品生产溯源和质量安全管理体系情况。

2. 法律环境

法律环境是指国家或地区颁发的各项法规、法令和条例等。

法律环境对市场消费需求的形成和实现具有一定的调节作用。企业研究并熟悉法律环境，既可保证自身严格依法管理和经营，也可运用法律手段保障自身的权益。以下是与食品营销的一些相关法律：

(1)对企业实行管理的法律：《中华人民共和国公司法》《中华人民共和国企业所得税法》《中华人民共和国商标法》《中华人民共和国广告法》等。

(2)对社会及消费者的保护法律：《中华人民共和国消费者权益保护法》。

(3)维护市场秩序、保护平等竞争的法律：《中华人民共和国反不正当竞争法》《中华人民共和国反垄断法》等。

(4)保护生态平衡、防止环境污染的法律：《中华人民共和国环境保护法》《中华人民共和国海洋环境保护法》等。

（六）社会文化环境

社会文化环境分析是对一个国家或地区的文化观念、价值观念、行为习惯、教育水平的历史和现状的综合分析，主要分析内容有：

1. 文化观念

该地区形成的各种文化、风俗、习惯和传统，包括宗教信仰、艺术创作、语言文字、节日庆典等。

2. 价值观念

该地区人们在社会生活中所遵循的各种价值标准和准则，包括道德伦理、审美观念、人生观等。

3. 行为习惯

该地区人们在社会实践中所形成的各种行为方式和习惯，包括礼仪习惯、饮食习惯、生活习惯等。

4. 教育水平

该地区的教育机构数目及其分布情况，不同教育程度的人群的比率等。

二、食品企业宏观营销环境资料收集方法

宏观营销环境资料的收集主要采用案头调研法，案头调研法是指调研人员对已有的信息资料进行搜集、分析、研究和利用的行为活动。

在开展市场宏观信息资料收集活动时，应首先注意利用现有信息来源搜集解决问题所需的资料。这些资料可能存在于企业内部信息系统，也可能存在于经销商、广告代理商、行业协会信息系统内，也可能出现于政府出版物或其他出版物上，还可能需要从提供市场营销信息的企业购进。案头调研法的特点是获取资料速度快、费用省，但针对性、准确性和客观性不高，因此必须对已存在的二手资料进行严格的审查与评估。审查与评估的标准有三个，即公正性、有效性和可靠性。

【工作程序与方法引导】

一、工作程序

设计资料收集提纲 ⇒ 确定资料收集方法、对象 ⇒ 确定资料收集区域、时间 ⇒ 实施资料收集 ⇒ 整理资料文本

二、方法引导

（一）宏观营销环境资料收集

1. 收集内容

主要包括人口、经济、自然、科技、政治和法律、社会文化六个宏观营销环境资料的收集，具体的收集项目见表3-2。

表3-2 宏观营销环境资料收集内容分析表

人口环境	调查区域内人口数量、性别比、年龄比、城乡比、职业构成等
经济环境	人均国民收入、家庭收入、购买食品支出、储蓄等
自然环境	当地与企业产品相关原辅料情况，影响原辅料的气候、自然资源、环境污染及当地政策导向
科技环境	该行业生产技术水平、技术发展趋势等
政治和法律环境	食品行业发展方针、政策、财政税收政策、当地地方政策法律规范等
社会文化环境	民族、食品消费偏好、消费习惯、受教育水平、饮食习惯等

2. 收集方法

(1)进行某地基础情况初步调研。以昌吉地区为例，首先上百度，搜索昌吉，点开百度百科中的昌吉，可以获得该地区的地理地貌、自然资源、人口民族、经济、科技、教育基本情况。

(2)对基本信息进行整理，然后对还没解答的问题进行整理。

(3)登陆中国统计信息网，首页——统计公报，找到近年昌吉的统计公告，将有用的信息下载，整理成表，获得趋势变化。

(4)进入昌吉回族自治州人民政府网站,查询昌吉近年的大事记,然后进行筛选、整理;进入数据开放选项,可以获得 GDP、居民收入等;进入政务公开可以得到政府工作报告、政策发展趋势等,点开相关部门可获得相关信息。

(5)对照调研内容筛选查询到的资料,对于查不到的信息,就查往年的数据,进行汇总制表,比如人口数。

(6)整理总结每个问题,汇总分析,找出其中的规律和特点,并给出建议。

(二)宏观营销环境资料的汇总与整理

1. 资料的收集

根据调研目的,收集有关资料,做初步分析研究。按照一定的逻辑顺序排列,核对资料的可靠性。

2. 汇总与分类

根据调研的目的,运用科学的方法,对调研所获得的资料进行审查、检验、分类、汇总等初步加工,使之系统化和条理化,并以集中、简明的方式反映调查对象的总体情况。

资料整理是资料研究的重要基础,是提高调查资料质量和使用价值的必要步骤,是保存资料的客观要求。资料整理的原则是真实性、合格性、准确性、完整性、系统性、统一性、简明性和新颖性。

3. 统计

将已分类的资料进行统计,根据调研目的和内容,系统地制成各种计算表、统计表、统计图等,以便使用和分析。

【学徒任务】

××食品企业宏观营销环境资料收集

一、人口环境

二、经济环境

三、自然环境

××食品企业宏观营销环境资料收集
四、科技环境   五、政治和法律环境   六、社会文化环境

【考核与评价】

一、任务考核

师傅根据学徒在收集食品企业宏观营销环境资料过程中的具体表现和资料的完整性和规范性进行量化考核，占40%；学徒与其他的工作伙伴的协同合作，占25%；合作伙伴对学徒活动中的表现进行评价，占20%；学徒对自己的活动表现进行自评，占15%。师傅打分时要充分考虑每个学徒的综合表现以及在整个食品企业宏观营销环境资料收集中的作用、表现和贡献。

二、效果评价

1. 自我评价

（1）通过本次学习我学到的知识点/技能点有：____________________

____

不理解的有：____________________

（2）我认为在以下方面还需要深化学习并提升岗位能力：____________________

____

（3）在本次工作任务学习过程中，我的表现可得：□  □  □ 

2. 综合评价

项目	评价内容:综合能力评测 (1)请在对应的条目○内打"√""×",不确定的条目不填,可以在小组评价时让本组同学讨论并写出结论。 (2)评价结果全对得 ,错一项得 ,错两项得			评价等级(学生互评)		
工匠精神测评(组内互评)	○按时到场	○书、本、笔齐全	○责任心强			
	○工作积极主动	○合理使用学习资源	○主动帮助他人			
	○接受工作分配	○有效沟通	○高效完成工作任务			
专业能力测评(组内互评)	○提纲内容清晰、合理	○资料调研方法、对象清晰	○来源明确			
	○资料收集区域明确	○资料年限间隔清晰	○资料时间起点、终点明确			
	○资料分类正确、图表格式正确	○资料内容充分、无重大缺失项	○资料按年代排序,条目清楚、格式正确			

任务3 食品企业宏观营销环境分析

【任务内容】

开展食品企业宏观营销环境分析:

(1)对××食品企业的宏观营销环境进行分析;

(2)对收集的资料进行系统归类,寻找宏观营销环境发展趋势和特点,从中找出与企业相关的要素,进行机会、威胁分析与筛选;

(3)进行策略分析并给出建议,编写企业宏观营销环境分析总结。

【任务目标与质量要求】

任务目标与产出

编写出有理有据,描述清楚,具有建议性的,具有一定写作水平的食品企业宏观营销环境分析报告,能在文本中体现以下内容:宏观营销环境的历史、现状及发展趋势,并在此基础上进行机会、威胁分析。

质量要求

(1)着重分析人口环境、经济环境、自然环境、科技环境、政治和法律环境、社会文化环境和食品企业相关的要素。

(2)分析内容基于宏观营销环境调研资料,资料来源清晰,具有权威性,数据完整、可靠,不能随便引用无依据的数据。

(3)按照一类宏观数据资料,数据图表趋势分析,宏观营销环境机会、威胁分析,机会、威胁评价,相应对策建议的顺序完成。

【业务经验】

一、市场机会与环境威胁

市场营销环境发展趋势基本上分为两大类:一类是市场机会,另一类是环境威胁。市场营销环境通过对企业构成威胁或提供机会而影响营销活动。

1. 市场机会

市场机会指对企业市场营销管理富有吸引力、企业拥有竞争优势的领域。

2. 环境威胁

环境威胁指市场营销环境中一种不利的发展趋势所形成的挑战,如果不采取果断的市场营销行动,这种不利趋势将会伤害到企业的市场地位。

如中国保健品的五大威胁——消费者的威胁、潜在进入者的威胁、商业流通企业的威胁、社会机构与利益团体的威胁、替代产品的威胁,如果面对这些威胁能够找出相应对策,保健品行业还是一个朝阳行业,反之,则有可能成为一个“遭殃”行业。

二、市场机会的特征与性质

1. 市场机会的特征

(1)公开性。任何市场机会都是客观存在的,对每个企业都是公开的,每个企业都有可能找到。因此在发现机会的同时,就要考虑到潜在竞争对手的存在。

(2)时限性。市场机会不及时利用,其所具有的效益就会逐渐减弱,最后完全消失。

(3)理论上的平等性和实践中的不平等性。由于机会的公开性,从理论上说任何企业都可发现和利用,各个企业是平等的,但由于各企业的具体情况不同,在利用某一机会时所获得的利益就有所不同。

(4)多样性。市场需求的多样性,必然导致机会的多样性。同一企业在同一时期可能会面对多个机会,不需要也不可能都去开发利用。

2. 市场机会的性质

(1)环境机会与企业机会。环境机会是由于环境变化客观形成的市场机会;企业机会是符合企业目标、能力,有利于发挥企业优势的市场机会。

(2)行业机会与边缘机会。行业机会是出现在特定领域之内的市场机会,识别难度低,可充分利用企业优势,但同行业竞争激烈,减弱了机会效益;边缘市场机会是出现在不同领域的交叉点、结合部的机会，进入难度大、容易被忽视、竞争不激烈、机会效益高。

(3)目前机会与未来机会。只是时间上的先后。从市场营销环境变化的动态性来分析，企业既要注意发现目前市场营销环境变化中的市场机会，也要面对未来，预测未来可能出现的大量需求或大多数人的消费倾向，发现和把握未来的市场机会。

(4)全面机会与局部机会。指范围的大小，全面机会反映了市场营销环境变化的一种普遍趋势，对各个企业都具有普遍意义；局部机会意味着这个市场的变化有别于其他市场，对进入特定市场的企业有特殊意义。

三、威胁与机会的分析与评价

任何企业都面临若干环境威胁和市场机会，企业的最高管理层可用“环境威胁矩阵图”和“市场机会矩阵图”来加以分析与评价。

1. 威胁分析

(1)分析威胁的潜在严重性，即影响程度。

(2)分析威胁出现的可能性，即出现概率。

2. 机会分析

(1)分析机会的潜在吸引力，即营利能力。

(2)分析机会成功的可能性，即最好机会。

3. 机会-威胁矩阵法

机会-威胁矩阵法是指市场营销环境中对食品企业有利的机会和不利的威胁、利益和风险所构成的各种因素的总和。食品企业对市场营销环境的分析，主要从两个方面进行——机会水平和威胁水平(图3-1)：

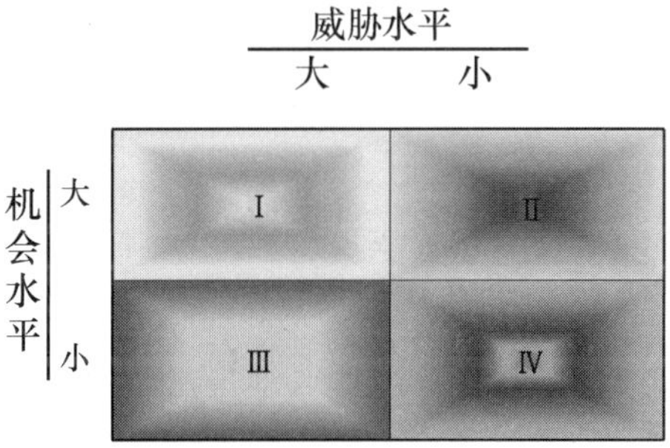

图3-1　机会水平和威胁水平

用机会-威胁矩阵法评价食品企业所在的市场营销环境，可能出现以下四种不同的结果。

区域Ⅰ　高机会和高威胁的环境——冒险环境；

区域Ⅱ　高机会和低威胁的环境——理想环境；

区域Ⅲ　低机会和高威胁的环境——困难环境；

区域Ⅳ　低机会和低威胁的环境——成熟环境。

机会分析矩阵可以有效地抓住和利用市场机会，并结合食品企业自身情况，变市场机会为经营企业机会。机会分析主要考虑潜在的吸引力和成功的可能性。

威胁分析矩阵是面对环境威胁的分析，一般着眼于两个方面：一是分析威胁的潜在严重性，即影响程度；二是分析威胁出现的可能性，即出现概率。

【工作程序与方法引导】

一、工作程序

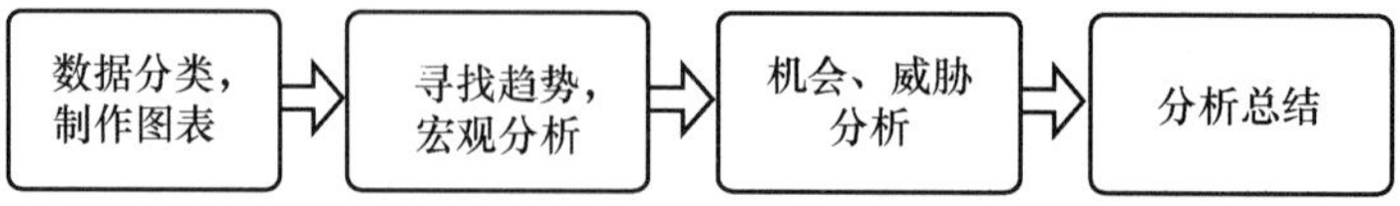

二、方法引导

（一）图表制作

图表中包含的内容不能过于烦琐，使用图表的目的在于使各种有关的数字资料能够得到简捷、系统的说明。图表反映的内容或结构必须简明易懂、一目了然，同时也可适当地附加脚注，尽力避免发生误解。

准确标明图表中有关栏目的名称和使用的计量单位，还应注明资料的来源。如所载录的资料须按一定的顺序进行排列，或按高低次序，或按数值大小次序，或按地区，也可按客户等排列。图表所列的资料应尽量完整、准确，一般在使用百分比或指数时，最好同时给出绝对数值资料，以便读者独立思考和正确分析。

（二）机会、威胁分析及对策

1. 机会、威胁分析

例如某烟草企业通过其市场营销信息系统和市场营销研究机构了解到以下足以影响其业务经营的信息：

(1)有些国家或地区规定，所有香烟广告、包装上都必须印上“吸烟危害健康”的严重警告。

(2)有些国家或地区禁止在公共场所吸烟。

(3)许多发达国家吸烟人数下降。

(4)有人研制出用莴苣叶代替烟草制造无害烟叶的办法。

(5)发展中国家的吸烟人数迅速上升。

上述烟草企业在环境威胁矩阵图上有三个“环境威胁”，即(1)(2)(3)条动向。其中，(2)和(3)都是潜在严重性大，出现威胁的可能性也大，所以，这两个环境威胁是主要威胁，企业应十分重视；威胁(1)潜在严重性大，但出现威胁的可能性小，所以不是主要威胁。

上述烟草企业在市场机会矩阵图上有两个“市场机会”，即(4)(5)条动向。其中最好的市场机会是(5)，其潜在吸引力和成功的可能性都大；市场机会(4)潜在的吸引力大，但其成功的可能性小。

烟草企业共有两个主要威胁(2)(3)和一个机会(5),根据机会-威胁矩阵,该企业的业务属于冒险业务。

2. 企业对策

(1)企业对威胁与机会水平不等的各种营销业务采取的对策。

①对理想业务:抓住机遇,迅速行动。

②对冒险业务:扬长避短,创造条件。

③对成熟业务:作为常规业务维持。

④对困难业务:努力改变环境,走出困境或立即转移。

(2)企业对所面临的主要威胁有下面几种可供选择的对策。

①对抗。试图限制或扭转不利因素的发展。

长期以来,日本的汽车、家电等工业品源源不断地涌入美国市场,而美国的农产品却遭到日本贸易保护政策的威胁。美国政府为了对付这一威胁,一方面在舆论上指责日本不让消费者购买便宜的美国农产品;另一方面,向有关国际组织提出起诉,要求仲裁。同时提出,如果日本政府不改变农产品贸易保护政策,美国对日本工业品的进口也要采取相应的措施。最后,美国扭转了不利的环境因素。我国在与美国的进出口贸易中,也经常采取相应的对抗措施。

②缓解。通过调整市场营销组合等来改善环境适应,以缓解环境威胁的严重性。

当可口可乐的年销量达300亿瓶时,在美国饮料市场上突然杀出百事可乐,它不仅在广告费用的增长速度上紧跟可口可乐,而且在广告方式上也针锋相对:“百事可乐是年轻人的恩赐,年轻人无不喝百事可乐。”其潜台词很清楚,即可口可乐是老年人的选择,是旧时代的东西。面对这种环境威胁,可口可乐及时调整市场营销组合,来缓解环境威胁的严重性。一方面采用更加灵活的宣传方式,向百事可乐展开宣传攻势;另一方面,花费比百事可乐多50%的广告费用与之展开广告战。经过努力,可口可乐收到一定效果。

③转移。决定转移到其他营利更多的行业或市场。

千禾味业曾用名为四川省恒泰食品添加剂实业有限公司,那时的主营业务为焦糖色等食品添加剂的研发、生产和销售。在鼎盛时期,其一度成为国内最大的焦糖色食品添加剂生产商。后来,不满足只做原料供应商的伍超群(千禾味业股东)做起了酱油,而后千禾味业诞生。2007年,千禾味业“零添加高端酱油”,开始在全国进行推广;2012年,伴随着酱油业务的不断扩大,此前的恒泰实业进行改制,而企业名也换成了千禾味业;2016年,千禾味业在上交所上市。

④改进。对自身及其产品进行改进,增强对环境威胁的防御能力。

蒙牛自诞生起就面对伊利的强大攻势。蒙牛非常注重产品的改进及包装等方面的改进,它采用了世界上最先进的包装技术(“利乐枕”),使鲜奶保质期远远超过伊利。

⑤利用。可理解为利用“威胁因素”,使其变成机会,即“因势利导”以便“化害为利”。

鄂尔多斯面对羊绒日益减少的威胁因素，开发出绒加棉、绒加麻、绒加丝等产品，因势利导，使其变成新的市场机会，并深受消费者欢迎。

⑥防备。要求企业富于远见，抓住根本，增强实力，增强自身的抗逆能力，真正做到防患于未然。

前四种都是被动的“解忧”策略，但“解忧”不是“无忧”，后两种是主动的“利用”或“防备”，防患于未然，不让它“生忧”。

【学徒任务】

××食品企业宏观营销环境分析文本

一、宏观营销环境分析表

（人口环境、经济环境、自然环境、科技环境、政治和法律环境、社会文化环境）

二、宏观营销环境机会、威胁分析

三、宏观营销环境策略分析

四、宏观营销环境分析小结

【考核与评价】

一、任务考核

师傅根据学徒在企业宏观营销环境分析过程中的具体表现和宏观营销环境分析文本的完整性、规范性和建议的可行性进行量化考核，占40%；学徒与其他的工作伙伴的协同合作，占25%；合作伙伴对学徒活动中的表现进行评价，占20%；学徒对自己的活动表现进行自评，占15%。师傅打分时要充分考虑每个学徒的综合表现以及在食品企业宏观营销环境分析中的作用、表现和贡献。

二、效果评价

1. 自我评价

（1）通过本次学习我学到的知识点/技能点有：________________________________

____

不理解的有：____

（2）我认为在以下方面还需要深化学习并提升岗位能力：____________________

____

（3）在本次工作任务学习过程中，我的表现可得：□ □ □

2. 综合评价

项目	评价内容：综合能力评测 （1）请在对应的条目○内打“√”“×”，不确定的条目不填，可以在小组评价时让本组同学讨论并写出结论。 （2）评价结果全对得 ，错一项得 ，错两项得			评价等级（学生互评）		
工匠精神测评（组内互评）	○按时到场、用具齐全	○宏观信息资料齐整	○责任心强			
	○工作积极主动	○合理使用学习资源	○主动帮助他人			
	○接受工作分配	○有效沟通	○高效完成工作任务			
专业能力测评（组内互评）	○资料分类正确	○资料扣题，层次分明	○资料清晰、有序			
	○分析矩阵绘制正确	○机会、威胁标识清晰	○机会、威胁评测无误			
	○宏观分析结构完整	○图表规范、清晰	○结论和建议有依据可行			

任务4　撰写食品企业宏观营销环境调研报告

【任务内容】

撰写食品企业宏观营销环境调研报告：

（1）确定主题，列出提纲，收集、整理企业宏观营销环境调研、分析等相关资料；

（2）撰写食品企业宏观营销环境调研报告。

【任务目标与质量要求】

任务目标与产出

撰写出结构合理，数据准确，具有一定写作水平的食品企业宏观营销环境调研报告，能在文本中体现以下内容:调研基本情况,企业所处宏观营销环境现状和发展趋势,来自宏观营销环境的机会、威胁分析,企业对策等。

质量要求

食品企业宏观营销环境调研报告的格式及内容要求:

(1)调研报告大纲包括调研报告的主要论点、论据、结论及报告的层次结构。要求紧扣调研主题、简洁明了,一般对于拟定的大纲来说,需进行审定或讨论,修改通过后再进行初稿的撰写。

(2)调研报告的结构完整,论述清晰。一份完整的市场调研报告,需要具备标题、摘要与关键词、前言或导语、调研方法与样本、调研结果、调研结论与建议、附录(调研方案、调研问卷、图表目录等)。

(3)调研报告条理清晰,层次分明,符合调研报告的格式要求。

(4)调研报告中数据真实可信,出处明晰,论述有据可依,分析基于调研资料,建议切实可行,内容充分,不拖沓、不缺项。

【业务经验】

食品企业宏观营销环境调研报告写作技巧如下。

1. 标题

一个好的标题必须具备下面三个要素:确切,是指标题要准确概括出整篇报告的内容,做到"题文相符";简洁,是指标题要精炼、扼要、通俗易懂,做到"言简意赅";新颖,是指标题要有鲜明的观点和独特的风格,不落俗套,做到"引人入胜"。

一些常见的标题拟定方式:以研究目的为标题;以研究结论为标题;以研究建议为标题;以问句为标题。

2. 摘要与关键词

摘要是整个研究报告的一个总括性的介绍,目的是让读者迅速了解研究报告的主要内容、主要的研究结论与建议。同时,为了便于制作索引和电子计算机检索,要求在摘要之后提出本篇论文的关键词或主题词,以供检索之用。

研究报告的摘要一般由目的、方法、结果、结论或建议四部分构成。

关键词数量控制在3~5个。

3. 前言(导语)

前言是一篇调研报告的开场白,它写在正文之前。每篇论文的前言,主要用以说明论文主题。常见的前言包括下述内容:

(1)提出课题的研究背景、研究目的及其研究意义。

(2)综述前人研究经过、成果、问题及评价,即研究综述。

(3)阐述本次调研的预期目标,期望解决的问题,即预期研究成果或研究创新。

前言一般不分段落，若论文内容较长、涉及面较广，可按上述三个内容分成三个段落。

4. 调研方法与样本

调研方法与样本主要将时间、地点、人物、事件等要素作一交代，使读者做到心中有数。具体内容一般包括：

(1)阐述调研的方法。宏观营销环境调研一般采用案头调查法，需阐明资料来源是一手资料还是二手资料，是内部资料还是公开性资料。

(2)阐述抽样设计原理。采取了何种抽样方法，如方便抽样、配额抽样、简单随机抽样、分层抽样、整群抽样等；具体抽样的过程，如时间、地点。

(3)介绍样本基本情况。如样本容量大致是多少，有效样本比率是多少，以及样本代表性分析，即分析样本基本结构(性别结构、学历结构、年龄结构、家庭结构、地区结构、职业结构、收入结构等)。

5. 调研结果

这是调研报告的核心部分。调研结果必须紧扣调研的主要内容，采用一些生动形象的描述方法，如统计数字、统计表格、统计图形、统计模型等，按照一定的逻辑结构("现状—原因""现状—原因—结果""现状—问题—对策")进行布局，避免没有逻辑、逐条罗列的现象。同时，应该合理运用统计语言与统计图表，这是一份高质量调研报告的关键。

【工作程序与方法引导】

一、工作程序

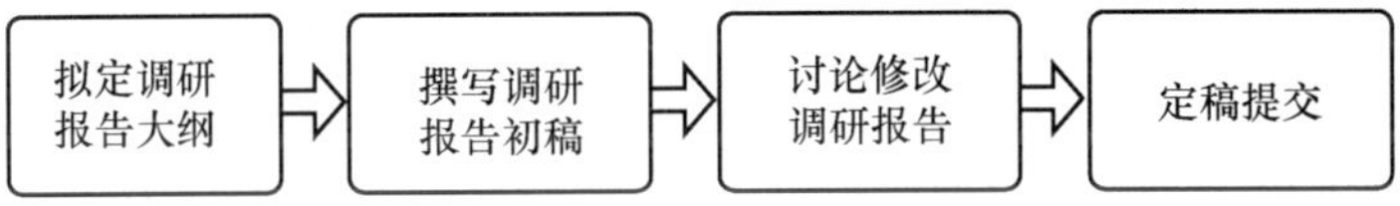

二、方法引导

(一)撰写宏观营销环境调研报告应注意的问题

撰写宏观营销环境调研报告时应注意的问题：

(1)明确报告的对象，简明扼要地向决策者阐述调研结果的有效性。

(2)论证部分必须与调研报告的主题相符；调研报告要突出重点，切忌面面俱到、事无巨细地进行分析；适当选用多种不同类型的图表，具体说明和突出调研报告中的重要部分和中心内容；语言要求自然流畅、逻辑严谨、用词恰当，避免使用专业技术性较强的词语。

(3)引用他人的文字或者观点，要标注清楚，避免抄袭行为。

(4)要根据调研目的和调研的内容来确定调研报告的长短,调研报告的篇幅应该是宜长则长、宜短则短;应将全篇调研报告打印成正式文稿,以方便阅读。

总之,一份好的宏观营销环境调研报告不仅要精心设计报告内容,同时要合理地组织安排报告结构和格式,更重要的是应以客户导向为基础。

(二)食品企业宏观营销环境调研报告的格式及内容

1. 封面

封面包括调研报告题目、委托单位、承担单位、项目负责人、时间等主要信息。宏观营销环境调研报告的封面需提供以下信息:

(1)调研报告的名称;

(2)调研单位名称;

(3)调研时间。

2. 目录

目录,一般包括三级目录,便于读者浏览。

3. 摘要与关键词

摘要是对调研报告所作的一个简单而概括的说明,读者可以通过摘要大致了解调研报告的整体情况,包括调研时间、调研地点、调研对象、调研人数、调研方法、调研的内容、最主要的调研结果、调研结论和建议等。摘要的撰写同样要求简明扼要,篇幅不宜过长,一般不超过报告总体字数的10%。另外,摘要不是简单地对调研报告的内容进行列举,而是要单独成一个系统,因此措辞要仔细斟酌,要起到窥一斑而见全豹的效果。

关键词数量为3～5个。

4. 调研报告正文

正文是宏观营销环境调研报告的主体和重心。一般包括调研背景、调研内容、相关说明、调研结果、调研方法、数据分析等,也可以挑选或合并其中部分内容撰写。

5. 结论与建议

结论与建议是撰写调研报告的主要目的。结论一定要结合自己的调研事实得出,建议是在调研结论的基础上提出大致的措施和建议。结论及建议与正文部分的论述要紧密对应,综述全文的重要观点,不可以提出无证据的结论,也不要给没有结论性意见的论证。

6. 附录

附录是对正文报告的补充或更详尽的说明,包括资料汇总统计表、原始资料来源、调研问卷、抽样名单、统计检验技术结果,以及一些重要的数据图表和相关的制度文件等。

【学徒任务】

××食品企业宏观营销环境调研分析报告

一、封面

二、目录

三、摘要与关键词

四、正文

1. 调研背景

2. 调研内容

3. 调研方法及相关说明

4. 调研数据分析

五、结论与建议

六、附录

【考核与评价】

一、任务考核

师傅根据学徒在企业宏观营销环境调研报告撰写过程中的具体表现和调研报告的整体完成情况进行量化考核，占40%；学徒与其他的工作伙伴的协同合作，占25%；合作伙伴对学徒活动中的表现进行评价，占20%；学徒对自己的活动表现进行自评，占15%。师傅打分时要充分考虑每个学徒的综合表现以及在撰写调研报告中的作用、表现和贡献。

二、效果评价

1. 自我评价

(1)通过本次学习我学到的知识点/技能点有：________________________________

____

不理解的有：____

(2)我认为在以下方面还需要深化学习并提升岗位能力：________________

____

(3)在本次工作任务学习过程中，我的表现可得：□ □ □

2. 综合评价

项目	评价内容：综合能力评测 (1)请在对应的条目○内打"√""×"，不确定的条目不填，可以在小组评价时让本组同学讨论并写出结论。 (2)评价结果全对得 ，错一项得 ，错两项得			评价等级（学生互评）		
工匠精神测评（组内互评）	○按时到场、用具齐全	○熟练使用文件撰写用具	○责任心强			
	○工作积极主动	○目录格式美观、清晰	○主动帮助他人			
	○接受工作分配	○有效沟通	○高效完成工作任务			
专业能力测评（组内互评）	○封面信息完整	○资料扣题层次分明	○关键词使用恰当			
	○摘要表达准确、简练	○调研内容完整无缺失项	○内容论证准确			
	○结论切合主题	○结论中的建议合理	○附录完备、齐全			

项目二
食品企业微观营销环境调研分析

【项目描述】

食品企业微观营销环境调研分析是食品企业营销的重要组成部分，在整个食品营销链条中处于基础与前提的地位。食品企业只有经过科学、细致的微观营销环境调研分析，才能把握食品市场的脉搏，找准生产投资方向，创造最佳的经济效益。食品企业微观营销环境调研分析的内容主要包括食品企业自身、供应商、营销中介、消费者、竞争者及社会公众。这些因素与食品企业的关系是双向的，在一定程度上，食品企业可以对其进行控制或施加影响。

【专业知识准备】

一、制订食品企业微观营销环境调研分析计划

（一）微观营销环境调研分析计划结构

1. 明确调研目的

进行市场调研，首先要明确市场调研的目的。调研目的是说明食品企业为什么要开展微观营销环境调研，应指明该项目的调研结果能给食品企业带来的决策价值、经济效益、社会效益以及在理论上的重大价值等。按照食品企业的不同需要，市场调研的目的有所不同，例如，食品企业在制订市场营销策略时，要调研市场需求状况、市场竞争状况、消费者购买行为和营销要素等情况；当企业在经营中遇到了问题时，应针对存在的问题和产生问题的原因进行市场调研。

2. 确定调研对象

确定调研对象就是根据调研目的，确定所要调研的群体，主要是为了解决向谁调研

和由谁来具体提供资料的问题。可靠、有效的市场调研必须建立在选择正确的调研对象的基础上。例如，杂粮代用茶为健康理念产品，特别适合现代快节奏的亚健康人群，所以对消费群体的调研对象就应该选择城市亚健康人群。对竞争者的调研对象为同类或相似产品的生产企业。对营销渠道的调研对象为各级批发市场和零售终端。

3. 确定调研地区范围

调研地区范围应与企业产品销售范围相一致，调研范围应该包括企业产品所覆盖的所有区域，最大限度地保障调研资料的准确性。

4. 拟定调研内容

调研内容是指对调研对象所要调研的主要内容，确定调研内容和具体项目就是明确需要向调研对象了解的信息，是整个调研的核心，决定着调研是否有效。针对消费群体的调研内容应包括年龄结构、健康状况、消费理念、消费水平、购买渠道等。

5. 选择调研方法

调研方法是指取得资料和信息的方法。市场调研的方法，主要有一手资料调研和二手资料调研。调研方法的选择要根据调研的目的、内容、经费预算，也要根据一定的时间、地点等条件下市场的客观实际状况来确定。由于同一市场调研课题可以采用的方法不止一种，同一调研方法又能够应用于不同的调研课题，因此，调研者必须认真地比较，选择一种恰当、有效的调研方法，最终实现既节省调研费用又能达到调研目的的目标。

6. 安排调研时间进度

安排调研时间进度就是制订详细的调研进度时间表，包括起始时间和各项活动的时间。在安排调研进度时，一要保证调研的准确性、真实性；二要尽早完成调研活动，在保证时效性同时兼顾经济性。

7. 组建调研队伍

根据调研需求组建调研队伍并确定调研人员，调研人员可以是本企业员工，也可从社会、学校招聘，根据调研项目、内容、时间等因素来核定调研人员的人数。

8. 预算调研费用

预算调研费用主要包括调研问卷、调研表的设计和印刷费，调研人员培训费，调研人员劳务费，调研结果统计处理费用等。企业应核定市场调研过程中将发生的各项费用支出，合理确定市场调研总的费用预算。

（二）食品企业微观营销环境调研问卷设计

调研问卷也称调研表，是市场营销调研中收集一手资料最普遍使用的工具，是系统记载需要调研的问题和调研项目的书面问卷，也是沟通调研人员与被调研对象之间信息交流的桥梁。因此，调研问卷的制作是市场调研的一项基础性工作，其制作得是否科学直接影响到市场调研的成功，需要认真、仔细地设计、测试和调整。

1. 食品企业微观营销环境调研问卷的设计要求

食品企业微观营销环境调研问卷的设计要求有清晰的思路、丰富的经验、一定的设计技巧以及极大的耐心，具体应注意以下几个方面的问题：

(1)主题明确。根据调研目的，确定调研主题。在深刻理解调研主题的基础上，决定调研所需要的资料、调研表的具体内容和形式。

(2)问题适当。提出的每个问题都应对调研目的有帮助；应避免漏掉应该被回答的问题，问题的措辞应简单、直接，便于回答；必须避免倾向性、引导性、暗示性的提问。

(3)通俗易懂。调研问卷要使被调研者一目了然，避免歧义，愿意如实回答；问卷中的语言要平实，语气诚恳，避免使用专业术语；提问要讲究艺术性、趣味性，使被调研者乐意回答；对于敏感问题应采取一定技巧，使问卷具有较强的可答性和合理性。

(4)长度适宜。问卷中所提出的问题不宜过多、过细、过繁；问卷的长短视受访者对主题的关心程度、询问场所、调研对象类型、调研员训练程度而定，一个问题只能包含一项内容，以不超过25个问题为宜；回答问卷的时间不应太长，一份问卷回答的时间一般不多于30分钟。

(5)结构排列合理。问卷中问题的排序应有一定的逻辑顺序，符合被调研者的逻辑思维程序，一般是由简单到复杂、由表面直觉到深层思考、由一般性问题到特殊性问题排序。比如第一个问题尽可能地引起人们的兴趣，而较难或私人性的问题最后出现，这样被调研者就不会过于防备。

(6)便于统计。设计时要考虑问卷回收后的数据汇总处理，要便于进行数据统计处理。调研问卷在大规模使用之前应以少数人应答为实例，或将自己放在被调研人的地位，对问卷进行小规模的测试，考虑这些问题能否得到确切的资料、能否使被调研人回答方便等，审查测试结果，对不足之处予以改进。

2. 食品企业微观营销环境调研问卷的结构

一份正式的调研问卷一般由3部分构成：前言、正文和附录。

(1)前言。调研问卷的前言主要说明调研的主题、调研的目的、调研的意义，以及向被调研者致意等。包括问卷标题和问卷说明两部分，要求文字一定要精炼并具有很强的吸引力。前言写得好坏，直接影响到被调研者的合作态度及合作程度。

①问卷标题。问卷标题是概括说明调研研究的主题，使被调研者对要回答哪些方面的问题有个大致的了解。标题设计应简明、扼要、准确、突出，易于引起调研者的兴趣。

②问卷说明。问卷说明一般放在标题之后，旨在向被调研者说明调研的目的和意义。最好强调调研与被调研者的利害关系，以取得被调研者的信任和支持。问卷说明的形式可采取比较简洁、开门见山的方式，也可进行一定的宣传，以引起重视。有些问卷还有填表须知、交表时间、地点及其他事项说明。

(2)正文。正文是调研问卷所需调研的具体内容，是调研问卷的主体和核心部分。

包括：

①被调研者的基本情况。主要指被调研者的一些主要特征，如姓名、性别、年龄、家庭人口、收入、文化程度、职业等。列入此项目，是为了便于对调研资料进行分析和分类。当然，根据调研目的的不同，这些项目应有所取舍，并非多多益善。

②调研项目。调研项目是调研问卷最主要的部分，是指需要调研的具体项目和问题。如何确定好调研项目和命题是调研问卷设计的关键，也决定了调研的成功与否。首先，根据调研目的及调研内容来确定具体的调研项目，并对具体的调研项目进行分析；然后针对每个具体的调研项目，根据对问题要了解的深度不同，来确定选用不同的提问方式。

(3)附录。调研问卷的附录一般放在问卷的最后，包括：

①调研者的情况。把调研者的个人档案列入，如姓名、访问时间等，以明确调研者完成任务的性质。

②填写说明。是对某些问题的附带说明，包括填写问卷的要求、方法及被调研者应了解的项目和事项。

③结束语。一般在问卷的最后，可以用简短的词语对被调研者的配合再次表示感谢，也可以征询被调研者对问卷调研本身的看法。

④编码。对调研问卷和问卷中的调研项目设置编号，以便被调研者填写、选择，也便于调研者分类、归档以及在电子计算机上建立数据库，从而进行系统的统计、处理。

总之，调研问卷的设计结构要合理，正文应占整个问卷的2/3～4/5，前言和附录只占很小部分。

二、食品企业微观营销环境调研资料收集

食品企业微观营销环境调研资料收集是指按照调研设计的要求，收集有关被选中的调研单位的信息的过程，也就是调研实施的过程。收集资料是关系到市场调研成功与否的关键一步，而资料的收集关键又在于调研实施过程中严格的组织管理和质量控制。主要包括以下两方面的内容。

（一）收集二手资料

二手资料主要有两个来源：一是内部资料；二是外部资料。内部资料指企业营销系统中储存的各种数据，如企业历年的销售额、利润状况，主要竞争对手的销售额、利润状况，有关市场的各种数据等；外部资料指公开发布的统计资料和有关市场动态、行情的信息资料。外部资料的来源有政府有关部门、市场研究机构、咨询机构、期刊、文献、报纸等。

（二）实地调研收集一手资料

实地调研收集一手资料是调研者现场收集资料的过程，是市场调研的主体，也是市

场调研的关键环节。实地调研直接反映了市场活动过程和问题，是进行市场研究的基础。实地调研的方法有询问法、观察法和试验法等。

1. 询问法

询问法是将拟定调研的事项以口头或书面的形式，通过会面问卷、电话或网络向被调研者提出询问，从对方的回答中获取资料的调研方法。询问法是市场研的常规方法，也是获取原始资料的主要方法。

(1)面谈询问。调研者按事先准备的调研问卷或提纲当面询问被调研者，以获取资料。主要靠“走出去”的方式，但也可以“请进来”，如采用消费者座谈会的方式。面谈询问的优点是调研结果的回收率高，收集资料全面，资料的真实性强，当面听取被调研者的意见，还能观察其反应，发现新问题；缺点是费用高、范围窄，调研结果受调研者技术熟练程度和个人理解的影响大。

(2)电话询问。调研者利用电话提出问题，请对方回答。此法的优点是时间短、速度快、费用低，不受调研者在场的心理压迫，使调研对象能畅所欲言；缺点是受通话时间的限制，调研问题少而简单，无法收集深层信息。

(3)信函询问。通过信件、报刊广告页、产品包装等途径，把事先设计好的调研问卷分发给被调研者，请他们按要求填好后再寄回。此法的优点是调研面宽、样本量大、成本低，不受调研者在场的影响；缺点是回收时间周期长，被调研者也常常误解问卷的意思，问卷回收率低，一般只有15％～20％的问卷能收回。调研者可以采取有奖征答等办法提高问卷回收率。

(4)会议询问。通过召开有关会议，利用会议的便利条件展开市场调研，如食品订货会、展销会等，都是开展市场调研的有效场所。调研的形式主要有发调研表、出样订货、召开座谈会或个别交流等。

(5)网上询问。应用计算机网络技术和传统调研技术相结合的、具有良好交互界面的、为适应网络时代而出现的一种现代调研技术。主要用来做产品研究方面的市场调研，如产品市场占有率、产品推广渠道等。

2. 观察法

观察法是调研者直接或通过仪器在现场观察和记录被调研者的行为和心理，获取所需资料的方法。观察法的优点是客观，能如实反映问题；缺点是调研结果是一些表面的可直接观测的现象，不能反映内在原因，更不能说明购买动机和意向。观察法调研的具体方式有以下四种。

(1)直接观察。直接观察是指调研者亲自到现场进行观察，例如，调研者亲自到达超市观察消费者走过食品货架或选购食品时，对不同品牌食品的兴趣和注意程度。

(2)店铺观察。店铺观察是指调研者亲自站柜台或参加展览会、展销会、订货会等，以观察和如实记录所要调研的内容。

(3)痕迹观察。痕迹观察是指调研者通过观察某事项留下的实际痕迹来了解所要调研的情况,例如,某食品企业在几种报纸上登同一广告,在广告下面附有一张表格或回条,请读者阅后把表格或回条剪下来寄给企业有关部门,以便企业了解在哪种报纸上刊登广告最为有效,为今后选择广告媒体和测定广告效果提供依据。

(4)行为记录。行为记录是指在调研现场安装一些仪器设备,调研者对被调研者的行为和态度进行观察、记录和统计,如通过摄像机观察消费者购买产品的过程、选购产品的情况等,借以了解消费者对品牌的爱好与反应。这样能从侧面了解消费者的购买心理,对了解消费者的需求有一定的价值。

3. 试验法

试验法是从影响调研问题的许多因素中选出一两个因素,将它们置于一定条件下进行小规模试验,并对试验结果进行分析的一种方法。此种方法应用范围很广,尤其是因果性调查常采用此种调研方法,例如,将某一品种的食品改变包装、价格、广告等以后对食品销售量会产生什么影响,都可以先在小规模的市场范围内进行试验,观察消费者的反应和市场变化的结果,然后考虑是否推广。试验法的优点是方法科学,可获得较正确的原始资料。缺点是不易选准社会经济因素相类似的试验市场,且干扰因素多,影响试验结果;试验时间较长,成本较高。试验法有以下两种具体方法。

(1)实验室试验。如在实验室观察人们对不同广告的兴趣程度。

(2)销售区域试验。如在某一销售区域试验调整某一营销策略会带来什么结果。

上述三种调研方法各有优、缺点,使用时可根据调研问题的性质、要求深度、费用多少、时间长短和实施能力等进行选择。三种方法可以单独使用,也可以结合使用。

三、食品企业微观营销环境调研资料整理分析

(一)食品企业微观营销环境调研资料整理分析的内容

食品企业微观营销环境是指与食品企业紧密相连、直接影响和制约企业市场营销活动的各种因素和力量的总和,分析微观营销环境的目的在于更好地协调企业与这些相关群体的关系,实现企业营销目标。

1. 内部环境

企业是一个系统组织,食品企业开展营销活动,必须充分考虑到企业内部的环境因素和力量。企业的内部环境包括市场营销管理部门及其他职能部门、各级管理部门及管理者。任何企业开展营销活动都不是某个部门(包括市场营销部门)的孤立行为,必须依赖于各部门的配合和支持,由食品企业内部的生产、采购、研发、财务、市场营销等组织活动构成,还需要各级管理者的支持和指导,各级管理者之间能够分工明确、目标一致、和谐合作,将会促进企业的营销管理决策和营销方案的有效实施。食品企业内部各部门的工作之间既存在统一、协调、一致,也存在冲突和矛盾,它们相互间的协调关系,直接影响

企业的整个营销活动，所以企业在制订营销计划、开展营销活动时，必须协调和处理好各部门之间的矛盾和关系。

2. 供应商

供应商是向食品企业及其竞争者提供生产经营所需资源(原材料、设备、能源、劳务、资金等)的企业或个人。供应商供货的数量、稳定性与及时性、供货的价格变动、供货的质量水平等直接决定着食品企业生产产品的数量、质量、成本，对企业的营销活动有着重大的影响，影响着企业的销售利润、营销策略、以合理的价格出售优质商品和服务的能力等。因此，企业在选择供应商时，必须充分考虑供应商的资信状况，选择能够提供优良品质产品、价格合理、及时交货、具有良好信用的供应商，并及时与之建立长期稳定的合作关系，以保证企业生产资源供应的稳定性。企业还必须使自己的供应商多样化，减少对某一家或几家供应商的过分依赖，降低可能被供应商影响和制约的可能性。

3. 营销中介机构

营销中介机构是为食品企业融通资金、销售产品给最终购买者、提供各种有利于营销服务的机构，包括中间商、营销服务机构、金融中介机构等。这些营销中介机构提供的服务使企业产品顺利到达消费者手中，影响着食品企业营销的效率，它们的协助促使食品企业的营销活动得以顺利进行，是食品企业进行营销活动不可缺少的中间环节。随着市场经济的发展，社会分工越来越专业，越来越细致，营销中介机构发挥的作用也越来越大，因此食品企业必须与营销中介机构保持良好的合作关系。

4. 顾客

顾客是食品企业服务的对象，也是营销活动的出发点和归宿，是食品企业最重要的营销环境因素。食品企业要想赢得市场，就必须提供得到顾客认可、令顾客满意的产品和服务，把满足顾客需要作为食品企业营销管理的核心。按照顾客的购买动机，可将国内顾客市场分为五种类型：

(1)消费者市场。指为满足个人或家庭消费需求购买产品或服务的个人和家庭。

(2)生产者市场。指为生产其他产品或服务，以赚取利润而购买产品或服务的组织。

(3)中间商市场。指购买产品或服务以转售，从中营利的组织。

(4)政府市场。指购买产品或服务，以提供公共服务或把这些产品及服务转让给其他需要的政府机构。

(5)国际市场。指国外购买产品或服务的个人及组织，包括国外消费者、生产者、中间商及政府。

这五类市场的顾客需求各不相同，这就要求企业通过不同的方式提供满足顾客不同的需求、欲望、偏好的产品和服务，最终实现食品企业营销目标。因此，食品企业必须注重分析顾客的需求规模、需求结构、需求心理及购买行为特征，这是营销活动的起点和前提。

5. 竞争者

竞争者是指与食品企业存在利益争夺关系的其他经济主体。在商品经济条件下,竞争是必然现象,任何食品企业在目标市场进行营销活动时,不可避免地会遇到现有的和潜在的竞争对手的包围和制约。竞争对手的营销策略和营销活动,尤其是产品价格和质量、广告宣传、促销手段、产品开发、销售服务等直接对企业造成威胁。企业的营销活动常常受到各种竞争者的挑战,因此,企业必须识别各种不同的竞争者,了解竞争企业的数量、竞争企业的规模和能力、竞争企业对竞争产品的依赖程度、竞争企业所采取的营销策略及对其他企业策略的反应、竞争企业的竞争优势、资金来源及供应渠道等,做到知己知彼,采取相应的竞争对策,有效地开展营销活动。

6. 社会公众

社会公众是指对食品企业实现营销目标的能力有实际或潜在利害关系和影响力的团体或个人,是与食品企业营销活动发展有关的各种群体的总称。食品企业所面临的社会公众主要有:金融公众、媒介公众、政府公众、社团公众、社区公众、一般公众和内部公众。社会公众对食品企业的态度会对其营销活动产生巨大的影响,它既能够帮助食品企业树立良好的形象,促使企业完成营销目标,也可能妨碍食品企业形象。因此,食品企业必须处理好与主要社会公众的关系,争取社会公众的支持和偏爱,为自己营造和谐、宽松、有利的社会环境。

(二)食品企业微观营销环境调研资料整理步骤

食品企业微观营销环境调研收集的资料大多是零星的、分散的,很难直接用于分析和汇总,需要进行"去粗取精、去伪存真"的整理、分析,这是市场调研出成果的重要环节。

1. 问卷检查

问卷检查是指对收集回来的问卷在完整性和完成质量方面进行检查,确定可以用于最终分析的问卷。那些填写不完整、乱答一气或者未按要求填写的问卷将会被舍弃或重新调研。

2. 资料再编辑

资料再编辑是指为了提高问卷中数据的准确性和精确性而进行的编辑,目的是将问卷中书写不清、填写不完整或前后不一致、含义含混不清的答案找出,然后视情况予以重做、赋值或舍弃等处理。

3. 编码

编码是指给问卷中每一个问题的每一种可能答案都赋予一个数值代码,这样就可以将文字信息转化为可让计算机识别的数字代码,方便数据的录入、处理和制表。

4. 录入

录入是指编码完成后,将各种编码数据输入计算机的过程。

四、撰写市场调研报告

（一）撰写市场调研报告的意义

市场调研报告是调研人员对某种事物或某个问题进行深入、细致的调研后，经过认真分析研究而写成的一种书面报告。市场调研报告的意义体现在以下两点。

1. 市场调研报告是调研工作的最终成果

调研活动是一个有始有终的活动，它从制订调研方案、收集资料、加工整理和分析研究，到撰写并提交调研报告，是一个完整的工作程序，所以调研报告是调研成果的集中体现。

2. 市场调研报告是从感性认识上升到理性认识的反映

调研报告比起调查资料来，更便于阅读和理解，它能把数字变活，起到透过现象看本质的作用，使感性认识上升为理性认识，更好地指导实践活动。

要撰写好市场调研报告，必须了解调研报告的特点，掌握调研报告撰写的步骤、方法，使调研报告在实际工作和理论研究中发挥应有的作用。

（二）市场调研报告撰写的特点

1. 调研报告具有针对性

针对性是调研报告的灵魂，它是指撰写的调研报告必须有明确的调查目的。撰写报告时必须做到目的明确、有的放矢，围绕主题展开论述。

2. 调研报告具有时效性

对于调研报告的写作者来说，必须讲求时间效益，及时捕捉各种信息，并做到及时反馈。只有这样，才能发挥调研报告的作用。

3. 调研报告具有新颖性

调研报告应紧紧抓住实践活动中的新动向、新问题，引用一些人们未知的通过调查、研究得到的新发现，提出新观点，形成新结论。

（三）撰写市场调研报告应注意的问题

(1)论证部分必须与调研报告的主题相符。

(2)调研报告要突出重点，切忌面面俱到、事无巨细地进行分析，适当选用多种不同类型的图表，具体说明和突出调研报告中的重要部分和中心内容。

(3)语言要求自然流畅、逻辑严谨、用词恰当，避免使用专业技术性较强的术语。

(4)要根据调查目的和调查内容来确定调研报告的长短，调研报告的篇幅应该是宜长则长，宜短则短。

(5)应将全篇调研报告打印成正式文稿，以方便阅读。

【经典案例】

武汉市东西湖区走马岭街是武汉市著名的食品工业园，园区生产工人很多，湖北公安县农民张新安有一手做湖北名小吃“公安锅盔”的手艺，但一直没找到好的市场。后来，他来到走马岭街食品厂打工。工作了一段时间后，他看到周边工厂很多，每天吃饭时间各小吃店生意都很火，于是他就想家乡著名的“公安锅盔”在这里一定很好卖，因此，他辞了工作，租了一间很小的门面，开始了他的创业之路。由于他的手艺好，产品货真价实，很快吸引了大量的消费者，每天产品都供不应求。短短几年，他就在武汉结婚、买房，成家立业了。

张新安的“公安锅盔”经营门面就在工厂非常集中的街道边，地理位置好。他最初选择经营项目和门面时经过了一段时间的细致观察，对街道上的人流量、消费水平、饮食爱好等各方面都进行了简单记录。经过综合比较分析，最后才决定了经营方向和门面位置。

在开店过程中，他通过观察发现，很多工人来自湖北农村，他们的消费观非常务实，一是价格便宜，二是吃饱了好干活，三是特别爱家乡口味。“锅盔”正好满足这三个条件，于是他的生意就火了起来。他还观察到：工人一般早上主食是“锅盔”加豆浆；中午是米饭再加一个“锅盔”；晚餐很多人都爱喝酒吃菜，而夜班工人上班前特别爱买一个“锅盔”充饥。根据观察结果，他及时调整经营策略，以早上和夜宵作为重点，中、晚餐控制规模，收到了良好的效果。

一个小小的门面，一张薄薄的“锅盔”，实现了他的梦想。主要是他学会观察市场，选好项目，把握顾客需求，经营才有效益。

案例分析认知：

一、以上案例中调研采用的是什么调研方法：________________________________

____

二、这种方法获得的资料是一手资料还是二手资料：__________________________

____

三、在调研过程中主要确定哪些要素：____________________________________

____

四、谈谈你的感想：____

____

任务1　制订食品企业微观营销环境调研计划

【任务内容】

制订食品企业微观营销环境调研计划：

(1)根据企业开发一款新产品的需求，对××食品企业的某一新产品制订微观营销环境调研计划；

(2)确定主题，列出提纲，收集、整理食品企业微观营销环境的相关资料；

(3)根据企业目标和现有资源制订食品企业微观营销环境调研计划,设计配套的调研问卷。

【任务目标与质量要求】

任务目标与产出

编写出结构合理,内容得宜,具有一定写作水平的食品企业微观营销环境调研计划,能在文本中体现以下内容:企业的调研目的、调研的内容和项目、调研的对象和范围、调研的方法、调研时间和进度安排、调研人员和工作量安排、调研的预算。

质量要求

食品企业微观营销环境调研计划的格式及内容要求如下:

一、封面

读者首先看到的就是封面,因而封面要能够给人留下深刻的第一印象。调研计划的封面可提供以下信息:

(1)调研计划的名称;

(2)调研的机构或调研人的姓名;

(3)调研计划制作的日期;

(4)调研编号。

二、目录

目录是调研计划各部分标题的清单。通过目录能够让人清晰地了解调研的全过程。但是列目录时要注意,目录中所标页码与实际页码必须保持一致,否则会损坏调研计划的整体形象。

三、正文

1. 前言

调研背景主要是对食品企业微观营销环境各个方面的阐述,主要包括食品企业面临的微观营销环境的现状、未来的发展趋势和广阔的前景等,以此来引出调研计划的重要性。

2. 目的

调研的目的部分主要是对本次对食品企业微观营销环境调研所要达到的目的进行全面描述,它是本次调研计划活动的原因和动力,对调研计划的目的说明要非常具体,方向明确、突出。

3. 基本信息

(1)调研时间。确定本次食品企业微观营销环境调研的时间。

(2)调研地点和范围。确定本次食品企业微观营销环境调研的地点和范围,但要注意调研地区范围应与企业产品销售范围相一致。

(3)调研对象。确定本次食品企业微观营销环境调研的单位和对象,确定大概的调研人数。

(4)调研方法。结合调研的需求、企业的实际情况和预算等因素确定本次食品企业微观营销环境调研的方法。

4. 调研内容

确定本次食品企业微观营销环境调研的内容,包括食品企业内部环境、供应商、营销中介、消费者、竞争者和社会公众等。根据企业调研的目的筛选调研的内容和项目。

5. 调研人员

针对食品企业微观营销环境调研的需要成立相应的市场调研小组,选出组长并筛选成员,明确每个小组成员的工作任务。

6. 进度安排

根据食品企业微观营销环境调研的整个过程制作时间表,确定各阶段的工作内容及所需时间。

7. 费用预算

根据食品企业微观营销环境调研的整个过程做出预算,包括调研过程中的各项费用,可以采用列表的方法标出,越详细越好,但是总体原则是以较少投入获得最优效果。

【业务经验】

一、调研问卷的常用提问方式

1. 封闭式提问

封闭式提问要求被调研者从事先拟定好的备选答案中选择一个或一个以上的答案。有二项选择法、多项选择法、比较法、排序法和过滤法等方式。

(1)二项选择法。也称真伪法,是指对提出的问题仅有两个答案可选择,如"是"或"否","有"或"无","喜欢"或"不喜欢"等。优点是方便回答,便于统计分析;缺点是强制选择无法反映被调研者意见程度的差别。如:

您购买食品时注重品牌吗?

①是(　　)②否(　　)

(2)多项选择法。在提问时一个问题提供两种以上的备选答案,请被调研者选择其中一项或几项答案。这种方法可以缓和二项选择法强制选择的缺点,答案的统计、分析也很简单,但是备选答案的设计较为复杂,要注意不要遗漏可能的答案,答案不能重复,而且备选答案不宜过多。如:

您购买茶的原因有哪些？

①喜欢茶的味道（　　）②减肥、减脂（　　）③降三高（　　）④有品位（　　）⑤馈赠送礼（　　）

（3）比较法。让被调研者对调研对象的性质进行判断，做出比较，被调研者可以在“同意”到“不同意”，“重要”到“不重要”，“极好”到“极差”之间选择。如：

广告对您购买杂粮代用茶的影响程度怎么样？

①不重要（　　）②一般（　　）③重要（　　）④很重要（　　）

（4）排序法。让被调研者对多个给定答案排序。在排序法设计中，应注意提示答案不宜过多，过多则被调研者难以准确排序，而且回答结果也容易分散。如：

您购买杂粮代用茶时会受到哪些因素影响？

请将优先顺序号1、2、3填写在答案前面的（　　）内。

（　　）价格（　　）质量（　　）效果（　　）品牌（　　）外观（　　）售后服务

（5）过滤法。将属于调研对象的那些人挑出来进行重点调研。虽然调研具有一定针对性，但是会使调研受到很大限制。如：

您喝过杂粮代用茶吗？

①喝过（　　）②没喝过（　　）

如果喝过，请问您都在哪里购买？

①超市（　　）②药店（　　）③专卖店（　　）④网购（　　）

2. 开放式提问

开放式提问对所提出的问题，被调研者可以不受任何限制自由回答，有语句完成法、词汇联想法和自由回答法等。

（1）语句完成法。提出一些不完整的语句，由被调研者完成该语句，如：

当我的朋友购买保健品时，我会推荐________

（2）词汇联想法。列出一些词汇，由被调研者提出他头脑中涌现的第一个词，如：

一提到杂粮代用茶，您首先会想到________

（3）自由回答法。调研者围绕调研内容提问，不设定备选答案，被调研者不受任何约束，自由回答。优点是被调研者可积极思考、充分发表看法，而且问题的设计也较简单；缺点是被调研者的观点可能比较分散，个人的表达能力也会导致答案的差异，难以进行数据的统计、分析。通常情况下一个调研问卷只采用一个或两个这样的提问方式，不会太多。如：

您对市场销售的杂粮代用茶有什么看法？________

3. 半封闭提问

半封闭提问是结合封闭式与开放式两种提问方式，既有拟定好的备选答案供选择，也可以由调研对象自由回答。如：

如果杂粮代用茶进行促销活动，您会比较容易接受以下哪种促销方式？

①免费品尝（　　）②购买时附赠（　　）③礼品促销（　　）④抽奖活动（　　）⑤其他（　　）

4. 态度测量表法

态度测量表法在提问时给出若干提示答案，请被调研者根据自己的认识打分，以反映被调研者对有关事物的看法、观点和评价。如：

在您看完杂粮代用茶广告节目以后，请您就以下几个评价指标在相应位置打分，最差1分，最佳10分，具体见表3-3。

表3-3　调研问卷评分表

评价指标 \ 程度	1	2	3	4	5	6	7	8	9	10
主题是否突出										
画面是否清晰										
能否引人注意										
品牌是否明确										

二、食品企业微观营销环境调研问卷设计的程序

1. 确定调研目的

调研目的是一切活动的出发点，问卷的设计归根到底也是为实现调研目的服务的，因此，问卷设计的第一步就是确定调研目的。

2. 确定数据收集方法

数据收集有多种方法，主要有面谈访问、电话调研、邮寄或网上调研等。每一种方法对问卷设计都有影响，比如，街头拦截访问比入户访问有更多的时间限制；邮寄调研要求问卷设计得清楚、简单，易于理解，因为调研者不在场，无法进行及时的沟通；电话调研经常需要丰富的词汇来描述一种概念，以肯定调研对象理解了正在讨论的问题。

3. 确定问题回答形式

问题回答的形式主要有开放式、封闭式、半封闭式和量表应答式几种。

4. 确定问题的措辞

问卷调研是通过问题来和被调研者沟通的，因此，如何用文字表述问题，使被调研者能够理解问题和回答问题，是十分重要而又较为困难的。一般来说，表述问题语句的基本要求是：

（1）用词要通俗、易懂、准确、简短，不要使用调研对象不熟悉的、过于专业化的术语。

（2）不要使用模棱两可、含糊不清或容易产生歧义的词或概念。

（3）不要使用诱导性或倾向性的用词，避免被调研者在这些词语的诱导下产生趋同

心理,违背真实意见而给出附和的答案。

(4)问题要具体,不要提出那些抽象的、笼统的或定义不明确的抽象问题。

(5)对于那些敏感性强、威胁性大的问题,应在文字表述上努力减轻敏感程度和威胁程度,使被调研者敢于坦率给出自己真实的回答。

5. 确定问题的排列顺序

有经验的市场调研者很清楚问卷设计是获得访谈双方联系的关键。问题联系越紧密,调研者越可能得到完整彻底的访谈。同时,被调研者也会思考得越仔细,回答得越仔细。为了形成合理的结构,通常要注意两个方面:第一,要方便被调研者顺利地回答问题;第二,要便于调研后的资料整理和分析。

问卷问题的排列顺序方式有多种,常见的有:

(1)类别性顺序。把同类性质的问题尽量安排在一起,而不要让不同性质或类别的问题互相混杂。这样就便于被调研者按照问题的顺序,回答完一类问题后再回答另一类问题,而不至于使他回答问题的思路经常中断或来回跳动,比如,先填写事实性的问题,再回答态度性的问题。

(2)时间性顺序。将问题按时间顺序来安排,一般来说,应根据历史的线索,由过去到现在,再到将来,这样就可以使逻辑和历史统一起来。

(3)内容性顺序。把问题按其复杂和困难程度来排列,一般来说,应该先易后难、由浅入深;先一般性质的问题,后特殊性质的问题。对于敏感性强、威胁性大的问题,更应该放在各类问题的后面。这样,有利于增强被调研者的信心,有利于把他们的思路逐步引向深入,而不至于一开头便把他们难住了。

(4)逻辑性顺序。将原因性问题放在前面,结果性问题放在后面,这样便于调研者进行资料的分析。

6. 评估问卷

一旦问卷草稿设计好后,问卷设计人员应再回过头来做一些批评性评估。如果每一个问题都是深思熟虑的结果,这一阶段似乎是多余的。但是,考虑到问卷所起的关键作用,这一步还是必不可少的。在问卷评估过程中,应当考虑下面一些原则:

(1)问题是否必要;

(2)问卷是否太长;

(3)问卷是否提供了调研目的所需的信息;

(4)邮寄及自填问卷的外观设计是否合理;

(5)开放式问题是否留足空间;

(6)问卷说明是否用了明显字体等。

7. 预先测试和修订

在没有进行预先测试前,不应当进行正式的问卷调研。我们可通过预先测试寻找问卷中存在的错误解释、不连贯的地方、不正确的跳跃模型，为封闭式问题寻找额外的选项以及被调研者的一般反应。预先测试也应当以最终访问的相同形式进行，比如，如果访问是入户调研，那么预先测试也应当采取入户的方式。

在预先测试完成后，任何需要改变的地方都应当切实修改。在进行实地调研前应当再一次获得各方的认同，如果预先测试导致问卷产生较大的改动，应在第二次测试顺利完成之后，宣告问卷设计的主体工作结束。

8. 问卷的排版

问卷设计基本完成之后，便要着手问卷的排版、布局和印刷。定稿后的问卷从形式上看，要求版面整齐、美观，便于阅读和作答。

【工作程序与方法引导】

一、工作程序

二、方法引导

食品企业微观营销环境调研计划没有固定不变的结构，它依据产品或营销活动的不同要求，在调研的内容与编制格式上而有所不同，其一般所包含的主要内容见表 3-4。

表 3-4 食品企业微观营销环境调研计划的基本结构

构成		内容	基本要求
封面		调研名称、调研机构名称、调研计划完成人员姓名、调研计划完成日期、调研编号等	信息完整
目录		调研内容提纲	一目了然
正文	前言	微观营销环境现状、前景展望	背景交代
	目的	调研的目的、意义	明确调研目标
	基本信息	调研时间、调研地点和范围、调研单位和对象、调研方法	总体布局
	调研内容	食品企业内部环境、供应商、营销中介、顾客、竞争者和社会公众等	对症下药
	调研人员	组建调研小组、选出组长、筛选调研人员、明确分工	保证实施
	进度安排	调研活动时间安排	时间保障
	费用预算	调研问卷、调研表的设计和印刷费，调研人员培训费，调研人员劳务费，调研结果统计处理费用	计算准确

【学徒任务】

××食品企业微观营销环境调研计划

一、封面

二、目录

三、正文

1. 前言

2. 目的

3. 基本信息

4. 调研内容

5. 调研人员

6. 进度安排

7. 费用预算

【考核与评价】

一、任务考核

师傅根据学徒在制订食品企业微观营销环境调研计划过程中的具体表现和调研计划的完整性和可行性进行量化考核，占 40%；学徒与其他的工作伙伴的协同合作，占 25%；合作伙伴对学徒活动中的表现进行评价，占 20%；学徒对自己的活动表现进行自评，占 15%。师傅打分时要充分考虑每个学徒的综合表现以及在整个食品企业微观营销环境调研计划制订中的作用、表现和贡献。

二、效果评价

1. 自我评价

(1)通过本次学习我学到的知识点/技能点有：________________________________

____

不理解的有：____

(2)我认为在以下方面还需要深化学习并提升岗位能力：____________________

____

(3)在本次工作任务学习过程中，我的表现可得：□ □ □

2. 综合评价

项目	评价内容：综合能力评测 (1)请在对应的条目○内打“√”“×”，不确定的条目不填，可以在小组评价时让本组同学讨论并写出结论。 (2)评价结果全对得 ，错一项得 ，错两项得			评价等级 (学生互评)		
工匠精神测评(组内互评)	○按时到场	○书、本、笔齐全	○责任心强			
	○工作积极主动	○合理使用学习资源	○主动帮助他人			
	○接受工作分配	○有效沟通	○高效完成工作任务			
专业能力测评(组内互评)	○封面信息完整	○前言背景清晰	○目录清晰，层次分明			
	○调研基本信息全面	○调研项目(六项)齐全	○调研内容对症			
	○调研人员安排合理	○调研进度安排合理	○调研预算清楚有据			

任务2　食品企业微观营销环境调研

【任务内容】

(1)根据企业市场开发的需要,对××企业的微观营销环境开展调研;

(2)测试并调整微观营销环境调研问卷;

(3)按计划开展食品企业微观营销环境调研活动,收集资料,总结、分析调研情况。

【任务目标与质量要求】

任务目标与产出

(1)确定合适的调研地点、调研对象,制订调研实施步骤及要求。

(2)修改、调整微观营销环境调研问卷,要求措辞准确。

(3)发放微观营销环境调研问卷并回收,注意发放调研问卷的数量要达到一定要求。

质量要求

食品企业微观营销环境调研实施过程如下:

1. 设计食品企业微观营销环境调研问卷

(1)前言。前言主要说明调研的主题、调研的目的、调研的意义以及向被调研者致意等,包括调研问卷的标题和说明。

(2)正文。正文是调研的主体,包括被调研者基本情况和调研项目。

①被调研者基本情况。根据调研的目的和要求,选择被调研者的基本情况,包括姓名、年龄、职业、文化程度、居住地区等有关内容,注意不是多多益善。

②调研项目。调研项目是调研问卷最主要的部分,是指需要调研的具体项目和问题。如何确定好调研项目和命题是调研问卷设计的关键,也决定了调研的成功与否,主要设计以下几个方面的问题:

食品企业内部环境。主要包括食品企业管理者的管理能力、各部门的协同合作情况、企业经营理念与企业文化等。

供应商。供应商的状况、供应食品的价格、退货政策、售后服务、合作关系等。

营销中介。中间商选择情况、物流配送情况、服务机构的合作等。

消费者。主要针对产品消费者的年龄、性别、职业、消费习惯、文化层次等设计问题。

竞争者。主要针对本企业主要竞争者的有关情况,包括竞争产品的优势、劣势,竞争产品营销状况,竞争企业整体情况等。

公众。包括政府公众、金融公众、媒介公众、群众团体等。

(3)附录。附录包括调研者的情况、填写说明、结束语、编号等,根据实际情况设计,便于查询核实。

2. 测试、调整食品企业微观营销环境调研问卷

在调研问卷实施调研之前,选择一些符合抽样标准的被调研者来进行调试调研,在实际环境中对每一个问题进行讨论,以求发现设计上的缺失,如,是否包含了整个调研主题,是否容易造成误解,是否语意不清楚,是否抓住了重点等,并加以合理的修正,审批定稿。

3. 发放调研问卷,实施调研

按照事先设计的调研计划向调研者发放调研问卷,要保证发放调研问卷的数量,尽量减少统计的误差。

4. 回收调研问卷

保证回收调研问卷的数量和有效性。

【业务经验】

一、询问法运用技巧

(1)科学选择调研对象。如果准备从事家庭作坊式的食品加工与营销,想详细了解相关的生产情况与市场行情,就没有必要调研大、中型食品加工企业,大型餐饮企业也不是合理的调研对象。必须选择本地,最好是本街道的家庭作坊作为调研对象,这样的调研对象才能提供最有用的信息。

(2)灵活运用调研方法。被调研单位确定以后,就要想办法接近调研对象了,由于市场竞争的原因,很多家庭作坊对同行的调研是抵触的,所以要使用巧妙的方法。如以消费者或原材料供应商的身份接近受访者,在"不经意"的交谈中就可以收集到有用的市场信息。

(3)及时整理、记录调研所获得的信息。记录方式可以是现场录音,也可以在访谈结束后马上整理出调研报告。

二、观察法运用技巧

(1)观察法是选择经营项目和场所的重要方法,因此经营场所周围的观察很重要。

(2)"观察有窍门,内行看门道"。街道上人来人往,怎样才能观察到有用的信息?例如,开饭馆首先观察周围的消费者组成和来源,家乡是哪里,然后要观察消费者的就餐习惯和偏好,平时的购物习惯等。

三、试验法使用技巧

(1)合理使用试验法。在食品企业的市场调研中,试验法主要用于新开发产品与全新市场，比如，你要生产一种高端新品种食品，在决策之前，可以用试验法进行调研。试验场所最好选择产品的未来市场，如星级宾馆、高档酒店等。

（2）对试验结果要及时收集意见，观察市场反应，了解消费者需求。在此基础上再做生产经营决策。

【工作程序与方法引导】

一、工作程序

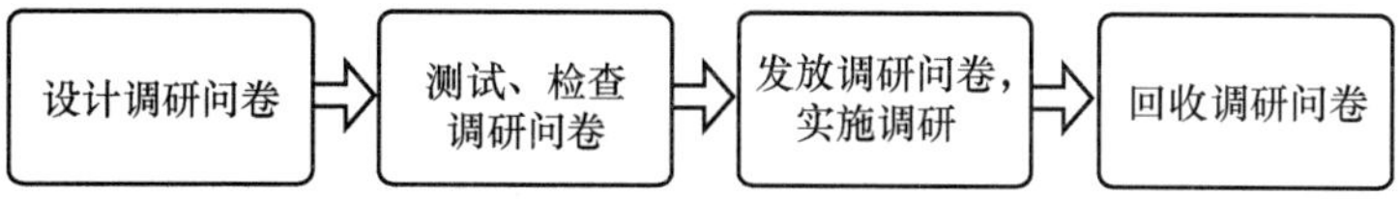

二、方法引导

虽然食品企业在微观营销环境调研的内容上有所不同，但调研实施的主要步骤基本相似，基本上都包括调研问卷的设计，调研问卷的测试、检查，调研问卷发放和调研问卷回收四步，调研实施的主要步骤，见表 3-5。

表 3-5　食品企业微观营销环境调研实施的步骤

步骤	内容	基本要求
调研问卷的设计	根据调研目的，确定调研主题	主题鲜明
	根据调研目的，确定调研内容	贴合实际
	确定问题形式	形式新颖、措辞准确
	确定问题顺序	符合逻辑
调研问卷的测试、检查	测试、检查、评估、调整调研问卷，进行最终定稿	严格审核
调研问卷发放	按照调研计划发放调研问卷	达到数量
调研问卷回收	调研问卷回收	保证回收率

【学徒任务】

××食品企业微观营销环境调研实施过程分析

一、预调研问卷

二、预调研问卷发放、回收情况

三、调整后的调研问卷

【考核与评价】

一、任务考核

师傅根据学徒在食品企业微观营销环境调研实施过程中的具体表现和策划方案的完整性和可行性进行量化考核，占40%；学徒与其他的工作伙伴的协同合作，占25%；合作伙伴对学徒活动中的表现进行评价，占20%；学徒对自己的活动表现进行自评，占15%。师傅打分时要充分考虑每个学徒的综合表现以及在整个调研实施过程中的作用、表现和贡献。

二、效果评价

1. 自我评价

(1)通过本次学习我学到的知识点/技能点有：________________________________

____

不理解的有：____

(2)我认为在以下方面还需要深化学习并提升岗位能力：____________________

____

(3)在本次工作任务学习过程中，我的表现可得：□ 😎 □ 🙂 □ ☹

2. 综合评价

项目	评价内容:综合能力评测 (1)请在对应的条目○内打“√”“×”,不确定的条目不填,可以在小组评价时让本组同学讨论并写出结论。 (2)评价结果全对得 ,错一项得 ,错两项得	评价等级(学生互评)		
工匠精神测评(组内互评)	○按时到场 ○书、本、笔齐全 ○责任心强			
	○工作积极主动 ○合理使用学习资源 ○主动帮助他人			
	○接受工作分配 ○有效沟通 ○高效完成工作任务			
专业能力测评(组内互评)	○调研目的清晰、明确 ○调研主题鲜明 ○调研内容贴合实际			
	○调研问题形式新颖、措辞准确 ○调研问题符合逻辑 ○调研问题长度适宜			
	○调研审核、测试严谨 ○问卷发放数量达标 ○问卷回收率达标			

任务3　食品企业微观营销环境调研资料整理、分析

【任务内容】

食品企业微观营销环境调研资料整理、分析:

(1)检查调研问卷,剔除不合格的问卷,整改意图不清晰的问卷;编码及录入,对问卷进行编码并录入计算机;

(2)根据企业产品待解决的问题,对××食品企业的微观营销环境进行分析;

(3)确定主题、列出提纲、进行企业微观营销环境分析、编写文本。

【任务目标与质量要求】

任务目标与产出

将符合要求的调研问卷进行编码、录入,依据资料编写出结构合理,内容适宜,具有一定写作水平的食品企业微观营销环境调研报告,能在文本中体现以下内容:企业微观营销环境调研结果,并在此基础上进行SWOT分析。

质量要求

食品企业微观营销环境分析及要求如下。

1. 食品企业微观营销环境分析

着重分析以下因素:

(1)食品企业内部环境分析。主要包括食品企业管理者的管理能力分析、各部门的

协同合作情况、企业经营理念与企业文化分析等。

(2)供应商分析。主要包括供应商的状况分析、供应食品的价格分析、退货政策分析、售后服务分析、合作关系分析等。

(3)营销中介分析。主要包括中间商情况分析、物流配送分析、服务机构分析等。

(4)消费者分析。主要包括消费者的消费需求分析、消费习惯分析、购买动机分析等。

(5)竞争者分析。主要分析本企业主要竞争者生产经营的产品品种、质量、价格、服务方式以及在消费者中的声誉和形象;竞争者的所在地和活动范围;竞争者的生产经营规模和资金状况;竞争者的技术水平和新产品开发的情况;竞争者的销售渠道及控制程度;竞争者的宣传手段和广告策略等。

(6)社会公众分析。主要包括政府公众、金融公众、媒介公众、群众团体等社会公众的分析。

2. SWOT 分析

SWOT 分析是取"优势"(Strength)、"劣势"(Weakness)、"机会"(Opportunity)、"威胁"(Threat)的第一个字母构成的,其中,优势、劣势分析主要着眼于企业自身的实力及其与竞争对手的比较,而机会、威胁分析则将注意力集中在外部环境的变化及对企业的可能影响上。企业内部要素的评价和外部环境分析构成了 SWOT 分析的方法基础,因此,SWOT 分析实际上是企业内部环境分析和外部环境分析的组合分析。

(1)企业优势、劣势分析。对企业产品的现行营销状况进行具体分析,列出企业优势、劣势,找出营销中存在的具体问题点,并深入分析其原因。

(2)市场机会、威胁分析。根据前面提出的问题,分析企业及产品在市场中的机会点,为营销方案的出台做准备。

【业务经验】

一、统计分析法

食品企业微观营销环境调研资料的分析主要是运用统计分析技术对采集到的原始资料进行运算处理,并由此对研究总体进行定量的描述与推断,以揭示事物内部的数量关系与变化规律。在进行调研方案的设计时,就需要根据调研项目的性质、特点、所要达到的目的,预先设计好资料数据分析技术,制订好分析的计划。否则,就会出现所收数据资料不符合分析要求的现象。资料分析人员不仅需要熟悉各种统计方法,还要熟悉统计分析软件和计算机操作。对资料的分析,要根据不同的需要采用不同的分析方法,如时间序列分析、因素分析、相关分析、误差分析、判断分析等。总之,对调研资料进行分析后,一般能够达到反映客观事物及其规律性的目的。

二、SWOT 分析法

SWOT 分析法是一种能够较客观而准确地分析和研究食品企业现实情况的方法，是基于内、外部竞争环境和竞争条件下，将与研究对象密切相关的各种主要内部优势和劣势、外部的机会和威胁，通过调研列举出来，并依照矩阵形式排列，然后用系统分析的思想，把各种因素相互匹配起来加以分析，从中得出一系列具有一定决策性的结论。

从整体上看，SWOT 分析可以分为两部分。

第一部分是企业的内部环境分析：优势与劣势分析。

第二部分是企业的外部环境分析：机会与威胁分析。

一般来说，SWOT 分析的步骤为：

1. 列出企业的优势、劣势及可能的机会、威胁

通过各种调研研究方法的应用，分析出企业所处的各种外部环境因素和内部环境因素。外部环境因素是外部环境对企业的发展有直接影响的有利和不利因素，包括机会因素和威胁因素，它们属于客观因素；内部环境因素是企业在发展中自身存在的积极和消极因素，包括优势因素和弱势因素，它们属于主动因素。在调研、分析这些因素时，不仅要考虑到历史与现状，更要考虑未来发展问题。

(1)优势。企业的内部有利因素，包括有利的竞争态势、充足的财政来源、良好的企业形象、技术力量、规模经济、产品质量、市场份额、成本优势、广告优势等。

(2)劣势。企业的内部不利因素，包括设备老化、管理混乱、关键技术缺乏、研究开发落后、资金短缺、经营不善、产品积压、竞争力差等。

(3)机会。企业的外部有利因素，包括新产品、新市场、新需求、外国市场壁垒解除、竞争对手失误等。

(4)威胁。企业的外部不利因素，包括新的竞争对手、替代产品增多、市场紧缩、行业政策变化、经济衰退、客户偏好改变、突发事件等。

2. 优势、劣势与机会、威胁相组合，形成 SO、ST、WO、WT 策略

将调研得出的各种因素根据轻重缓急或影响程度等排序方式，构造 SWOT 分析矩阵(表 3-6)。在此过程中，将那些对企业发展有直接的、重要的、大量的、迫切的、久远的影响因素优先排列出来，而将那些间接的、次要的、短暂的影响因素排列在后面。

3. 对 SO、ST、WO、WT 策略进行甄别和选择，制订企业的具体战略

在完成环境因素分析和 SWOT 分析矩阵的构造后，便可以制订出相应的行动计划。制订计划的基本思路：发挥优势因素，克服劣势因素，利用机会因素，化解威胁因素；考虑过去，立足当前，着眼未来。运用系统分析的综合分析方法，将排列的各种环境因素加以组合，得出一系列企业未来发展的可选择对策。

表 3-6　SWOT 分析矩阵

	优势(S)	劣势(W)
机会(O)	SO 战略(增长型战略)	WO 战略(扭转型战略)
	·依靠内部优势·利用外部机会	·利用外部机会·克服内部劣势
威胁(T)	ST 战略(多种经营战略)	WT 战略(防御型战略)
	·依靠内部优势·减少内部劣势	·回避外部威胁·回避外部威胁

【工作程序与方法引导】

一、工作程序

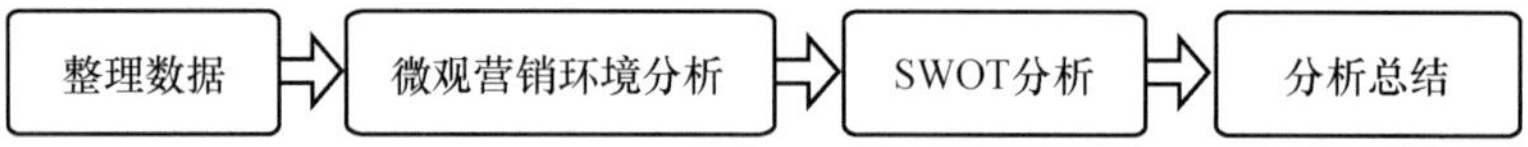

二、方法引导

食品企业微观营销环境调研资料整理是一项很烦琐的工作，需要调研人员耐心地整理每一份调研问卷，“去粗取精、去伪存真”，否则会给分析造成很大的误差，使分析结果和实际不符，导致调研成果不可用。在调研数据的基础上，对食品企业的每一个微观营销环境进行分析，并结合食品企业的经营状况开展 SWOT 分析。食品企业微观营销环境分析主要内容见表 3-7。

表 3-7　食品企业微观营销环境分析主要内容

构成	内容	基本要求
问卷检查	舍弃未按要求填写的问卷	认真筛选
资料再编辑	处理不符合要求的答案	仔细辨别
编码	将选项答案设置成数值代码	一目了然
录入	将各种编码数据输入计算机	认真准确
微观营销环境分析	企业内部环境分析、供应商分析、营销中介分析、顾客分析、竞争者分析、社会公众分析	信息完整
SWOT 分析	分析优势、劣势、威胁与机会	客观公正

【学徒任务】

××食品企业微观营销环境调研数据分析

一、调研问卷分析

1. 问卷发放回收情况

2. 问卷合格情况分析

二、问卷数据统计表

三、SWOT 分析

1. 基本情况介绍

2. 企业优势、劣势分析

内部环境	外部环境	
	机会分析	威胁分析
优势分析		
劣势分析		

四、企业微观营销环境策略组合和策略选择

1. SO 策略

2. WO 策略

3. ST 策略

4. WT 策略

【考核与评价】

一、任务考核

师傅根据学徒在食品企业微观营销环境调研资料整理、分析过程中的具体表现和完成情况进行量化考核，占40%；学徒与其他的工作伙伴的协同合作，占25%；合作伙伴对学徒活动中的表现进行评价，占20%；学徒对自己的活动表现进行自评，占15%。师傅打分时要充分考虑每个学徒的综合表现以及在整个调研资料整理、分析过程中的作用、表现和贡献。

二、效果评价

1. 自我评价

(1)通过本次学习我学到的知识点/技能点有：________________________________

____

不理解的有：____

(2)我认为在以下方面还需要深化学习并提升岗位能力：____________________

____

(3)在本次工作任务学习过程中，我的表现可得：□ 😎 □ 🙂 □ ☹

2. 综合评价

项目	评价内容：综合能力评测 (1)请在对应的条目○内打“√”“×”，不确定的条目不填，可以在小组评价时让本组同学讨论并写出结论。 (2)评价结果全对得 😎，错一项得 🙂，错两项得 ☹			评价等级（学生互评）😎	🙂	☹
工匠精神测评（组内互评）	○按时到场	○书、本、笔齐全	○责任心强			
	○工作积极主动	○合理使用学习资源	○主动帮助他人			
	○接受工作分配	○有效沟通	○高效完成工作任务			
专业能力测评（组内互评）	○问卷检查无误	○不合格答案处理妥当	○编码、录入严谨无误			
	○外、内部区分无误	○分析有据可依	○微观营销环境分析完整（六项）			
	○优、劣势分析切合企业	○机会、威胁分析无误	○建议清晰有据			

任务4　撰写食品企业微观营销环境调研报告

【任务内容】

撰写食品企业微观营销环境调研报告：

(1)确定主题，列出提纲，收集、整理企业微观营销环境分析等相关资料；

(2)撰写食品企业微观营销环境调研报告。

【任务目标与质量要求】

任务目标与产出

撰写出结构合理，内容得宜，具有一定写作水平的食品微观营销环境调研报告，能在文本中体现以下内容：调研基本情况，企业微观营销环境分析与SWOT分析，企业营销目标与营销战略等。

质量要求

食品企业微观营销环境调研报告的格式及内容要求如下。

一、封面

读者首先看到的就是封面，因而封面要能够给人留下深刻的第一印象。调研报告的封面可提供以下信息：

(1)调研报告的名称；

(2)调研单位名称；

(3)调研报告时间。

二、目录

目录是调研报告各部分标题的清单，能够让人快速了解调研报告的内容。列目录时要注意，目录中所标页码与实际页码必须一致，否则会损坏调研报告的整体形象。

三、摘要与关键词

摘要是对调研报告所作的一个简单而概括的说明，读者可以通过摘要大致了解调研报告的整体情况，包括调研时间、调研地点、调研对象、调研人数、调研方法、调研的内容、最主要的调研结果、调研结论和建议等。摘要的撰写同样要求简明扼要，篇幅不宜过长，一般不超过报告总体字数的10%。另外，摘要不是简单地对调研报告的内容进行列举，而是要单独成一个系统，因此措辞要仔细斟酌，要起到窥一斑而见全豹的效果。

关键词数量控制在3～5个。

四、正文

正文是市场调研报告的主体和重心。正文部分必须详细、准确地列出每一个调研项目得出的数据，并对该数据进行分析。

五、结论与建议

结论与建议是撰写调研报告的主要目的。结论一定要结合自己的调研事实得出问题的结论，建议是在调研结论的基础上提出大致的措施和建议。结论及建议与正文部分的论述要紧密对应，综述全文的重要观点，不可以提出无证据的结论，也不要提出没有结论性意见的论证。

六、附录

附录是对正文报告的补充或更详尽的说明，包括资料汇总统计表、原始资料来源、调研问卷、抽样名单、统计检验技术结果，以及一些重要的数据图表和相关的制度文件等。

【业务经验】

食品企业微观营销环境调研报告的格式一般由标题、目录、内容摘要与关键词、正文、结论与建议、附录等几部分组成。

1. 标题

标题即调研报告的题目，就是写明调研报告的主题，把主要内容概括地叙述出来，调研报告标题可以只用一个正标题，也可以在正标题之外再加副题，一般正标题反映调研报告的主题，副标题表明调研的对象及内容等。标题的形式如下：

(1)直叙式。直接反映调研意向，在标题中表明调研内容和调研范围。简明、客观，一般调研报告的标题形式为“××企业微观营销环境调研报告”。

(2)表明观点式。直接表明作者的观点、看法或对事物的判断、评价，在标题中揭示调研结论，如“保健品将迎来价格战”“绿色食品需求持续增加”等。

(3)提出问题式。以设问、反问等形式突出问题的焦点，增强吸引性。

2. 目录

如果调研报告的内容页数较多，为了方便阅读，应当使用目录或索引形式列出调研报告所分的章节和附录，并注明有关章节标题及页码。一般来说，目录的篇幅不宜超过1页。

3. 摘要与关键词

摘要是市场调研的内容提要，只给出报告最重要的内容，不宜过长，一般不超过调研报告总体字数的10%。摘要主要阐述调研的基本情况、最主要的调研结果、调研结论和建议等。

关键词一般不超过5个。

4. 正文

正文是调研报告的主体和重心。正文部分必须详细、准确地叙述调研结果和分析结果，还应说明对问题进行分析的方法，包括调研的问题、调研采用的方法、调研步骤、取样方法、资料的收集方法、调研结果以及调研结果对企业营销活动的分析等，对所调研的问题总结出结论，并提出解决问题的措施和建议。

5. 结论与建议

结论与建议是调研者基于调研事实得出的问题的结论并提出大致的措施和建议，它是撰写调研报告的主要目的。结论及建议与正文部分的论述要紧密对应，综述全文的重要观点，不可以提出无证据的结论，也不要提出没有结论性意见的论证。

6. 附录

附录是提供与调研结果有关的资料，对调研报告起注释作用，包括资料汇总统计表、原始资料来源、调研问卷、抽样名单、统计检验技术结果，以及一些重要的数据图表和相关的制度文件等。调研过程中产生的附带性资料信息也可在整理后放在附录中。

提交调研报告后，调研者还应对调研报告进行追踪，了解调研结论是否有参考价值、措施和建议是否被采纳，这样可以总结调研工作的成效，为以后的调研积累经验。

【工作程序与方法引导】

一、工作程序

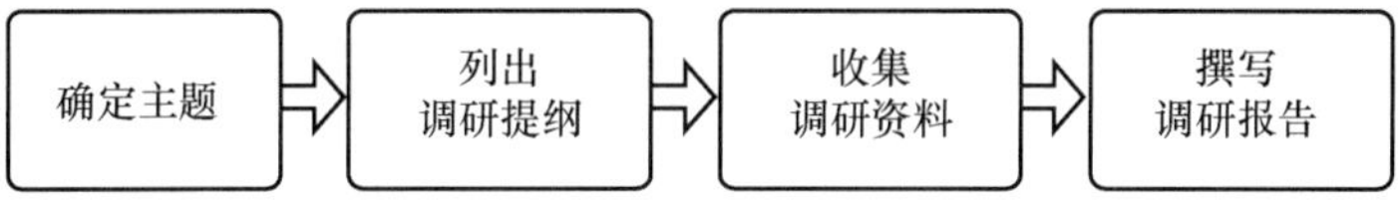

二、方法引导

食品企业微观营销环境调研报告一般会根据调研目的的不同要求，在结构上进行一定的调整，一般包含以下几个方面，见表 3-8。

表 3-8　食品企业微观营销环境调研报告的基本结构

构成		内容	基本要求
封面		调研主题、调研单位、调研人名称、调研报告完成日期	信息完整
目录		调研报告提纲	一目了然
摘要与关键词		调研报告主要内容概括	要点提示
正文	数据分析	微观营销环境调研的主要内容	数据准确
	结果分析	微观营销环境调研的主要结果分析	分析得当
结论与建议		总结并给出合理建议	贴合实际
附录		数据资料、问卷样本及其他背景材料	提高可信度

【学徒任务】

××食品企业微观营销环境调研报告

一、封面

二、目录

三、摘要与关键词

四、正文

1. 数据分析

2. 结果分析

五、结论与建议

六、附录

【考核与评价】

一、任务考核

师傅根据学徒在撰写调研报告过程中的具体表现和调研报告的完整性和可行性进行量化考核，占40%；学徒与其他的工作伙伴的协同合作，占25%；合作伙伴对学徒活动中的表现进行评价，占20%；学徒对自己的活动表现进行自评，占15%。师傅打分时要充分考虑每个学徒的综合表现以及在整个调研报告撰写中的作用、表现和贡献。

二、效果评价

1. 自我评价

(1)通过本次学习我学到的知识点/技能点有:________________________________

____

不理解的有:____

(2)我认为在以下方面还需要深化学习并提升岗位能力:____________________

____

(3)在本次工作任务学习过程中,我的表现可得:□ 😎 □ 🙂 □ ☹

2. 综合评价

<table>
<tr><td rowspan="2">项目</td><td colspan="3" rowspan="2">评价内容:综合能力评测
(1)请在对应的条目○内打"√""×",不确定的条目不填,可以在小组评价时让本组同学讨论并写出结论。
(2)评价结果全对得 😎 ,错一项得 🙂 ,错两项得 ☹</td><td colspan="3">评价等级
(学生互评)</td></tr>
<tr><td>😎</td><td>🙂</td><td>☹</td></tr>
<tr><td rowspan="3">工匠精神
测评
(组内互评)</td><td>○按时到场</td><td>○书、本、笔齐全</td><td>○责任心强</td><td></td><td></td><td></td></tr>
<tr><td>○工作积极主动</td><td>○合理使用学习资源</td><td>○主动帮助他人</td><td></td><td></td><td></td></tr>
<tr><td>○接受工作分配</td><td>○有效沟通</td><td>○高效完成工作任务</td><td></td><td></td><td></td></tr>
<tr><td rowspan="4">专业能力
测评
(组内互评)</td><td>○封面信息完整</td><td>○目录清晰,层次分明</td><td>○摘要清晰、简练</td><td></td><td></td><td></td></tr>
<tr><td>○调研资料信息全面(六项)</td><td>○数据准确、清晰</td><td>○结果分析得当</td><td></td><td></td><td></td></tr>
<tr><td>○调研人员安排合理</td><td>○调研进度安排合理</td><td>○调研预算清楚有据</td><td></td><td></td><td></td></tr>
<tr><td>○建议贴合实际</td><td>○附录数据表格可信</td><td>○问卷材料完备</td><td></td><td></td><td></td></tr>
</table>

项目三
食品企业产品设计

【项目描述】

食品企业产品的设计与改进源于对消费者需求的准确把握。食品企业所面对的消费者千差万别，不可能满足所有消费者的需求，因此企业必须将市场按照一定的方法分成若干个子市场，通过对子市场的评估，选择适合企业的市场，然后进行市场需求调研与分析，掌握实际情况，确定消费者需求，进行产品设计。本项目包含四个任务，即寻找食品企业目标市场、实施目标市场调研、进行目标市场需求分析、进行新产品设计和新产品定位。

【专业知识准备】

目标市场营销又称为STP营销，即市场细分、目标市场选择和市场定位。市场细分是目标市场选择和市场定位的必要前提，而目标市场选择和市场定位是市场细分的必然结果。

现代食品企业面对的是一个异常复杂的市场，市场上消费者众多，他们的需求又千差万别，一个企业不可能为市场上所有的消费者服务，大多数企业都在从事目标市场营销。

目标市场营销需要经历六个步骤：

1. 确定细分变量和细分市场
2. 描述细分市场的轮廓

→

3. 评估每一细分市场的吸引力
4. 选择目标市场

→

5. 确定每一个目标细分市场可能的市场定位概念
6. 选择、描述、传送市场定位概念

一、寻找目标市场

（一）市场细分

1. 市场细分的含义

市场细分（Segmentation）是指企业根据消费者需求或购买行为等方面的差异性，将具体市场划分为若干个消费群体的过程或行为。其中，每一个消费群体构成一个子市场（细分市场），同一个子市场中的需求是相似的，而不同子市场之间，需求则有明显差别。需要注意的是，市场细分不是对产品的分类，更不是对企业的分类，而是对消费者不同的需求或行为的分类。

2. 市场细分的理论依据

（1）消费者需求的差异性是市场细分的内在依据。

消费者的需求、动机和购买行为是多元性的，由此产生三种不同偏好模式：

同质型偏好——一个市场上所有消费者的偏好大致相同，企业可提供一种产品满足他们。

分散型偏好——消费者偏好可能在空间平均分散而无任何集中，表示消费者对于产品的需求存在极大差异。

群组型偏好——市场上出现了若干具有不同偏好的消费群体，客观上形成不同的细分市场。

（2）企业资源的限制和进行有效的竞争是市场细分的外在强制条件。

①现代企业规模再大都不可能占有人、财、物及信息的一切资源，不可能向市场提供所有产品、满足所有消费者的需求，也不可能在市场营销中占据绝对优势。因此，必须进行市场细分。

②为了进行有效的竞争，企业必须进行市场细分，从而选择目标市场，确定市场定位，集中一切资源投放到最有效的市场，以便取得和扩大竞争优势。

3. 市场细分的原则

（1）可衡量性。各细分市场要有明显的区别——易识别的组成人员、共同的特征、标志或资料。在实际工作中便于用表格的形式进行分项填写，使人评估时一目了然。

（2）可占领性。指企业通过发现、挖掘、捕捉市场机会，可以切割出来一个区块或赛道，能够进入、扎营，占领并能开展有效经营活动的市场。

（3）可盈利性。指企业选定的细分市场的规模和购买力足以使企业得以生存发展，取得经济效益。

（4）可区分性。市场细分后范围界定明晰，各子市场对营销组合能做出差异性反应，针对产品优化研发投入、价格调整、渠道链条长短、促销动作频率都会有相应的决策。

4. 市场细分的作用

市场细分是市场营销学中一个非常重要的思想和概念。由于社会经济的发展，消费者的需求日趋多样化，市场竞争日益激烈，进行市场细分，选择目标市场，对企业的营销及企业的发展具有非常重要的作用。

(1)市场细分有利于企业发现新的市场机会。市场机会的实质，是消费者尚未被满足或没有完全被满足的需求和欲望。通过市场细分，企业可以更清楚地分析和了解不同消费者需求的满足状况，从而有助于发现有吸引力的盈利机会。

(2)市场细分有利于企业有针对性地制订营销策略。通过市场细分，更有利于企业掌握目标市场的特点，使企业进一步确定自己的目标市场，能更有针对性地制订适当的营销方案，从而可以更好地适应消费者的需求。

(3)有利于企业扬长避短，赢得竞争优势。通过市场细分，企业可以更好地了解各细分市场上竞争者的状况，找到市场竞争的薄弱环节，从而扬长避短，合理地组织人力、物力、财力，发挥自己的竞争优势。

市场细分对中小企业尤为重要。因为中小企业资源、能力很有限，通过市场细分，可以选择一些大企业不愿顾及、需求量相对较小的细分市场，集中力量满足该特定市场的需求，从而找到自己的立足点。

(二)目标市场选择

企业通过市场细分，将消费者划分为需求不同的若干群体后需要结合特定的市场环境及自身的资源与优势，选择其中最有吸引力和最能有效地为之提供产品和服务的某些群体作为自己的目标市场。在选择目标市场时，企业必须考虑两个因素，细分市场的吸引力以及企业的目标和资源。

1. 细分市场评估

(1)细分市场的吸引力。

①细分市场的规模及其成长性。没有足够的销售量，就无法构成现实的市场，难以保证合理的盈利水平，也就无法成为目标市场。分析市场规模，既要考虑现有水平，更要考虑其发展潜力、行业周期，以保证企业长期稳定的发展前景。

②细分市场的盈利性。有适当规模和成长力的市场，若缺乏盈利性，同样不能成为目标市场。影响一个市场长期盈利潜力的因素有五个，行业内部的竞争、潜在竞争者的威胁、替代品的威胁、供应商的议价能力和客户的议价能力。

③细分市场的规模。细分市场的规模大小是相对的，应根据企业的实力选择适当的细分市场。

(2)企业的目标和资源。

①企业现有的人力、物力、财力资源是否满足细分市场的需求。

②细分市场所具有的特征与企业总目标的吻合程度。

③细分市场的投资回报水平。

细分市场提供的盈利水平和回报率是企业所追求的，必须对细分市场的投资回报能力做出正确的估测和评价。

2. 目标市场模式

食品企业在对不同的细分市场进行评估后，要选择进入目标市场，常用的进入目标市场的模式有五种，如图 3-2 所示，其中，M 代表不同的消费群体，P 代表不同的产品。

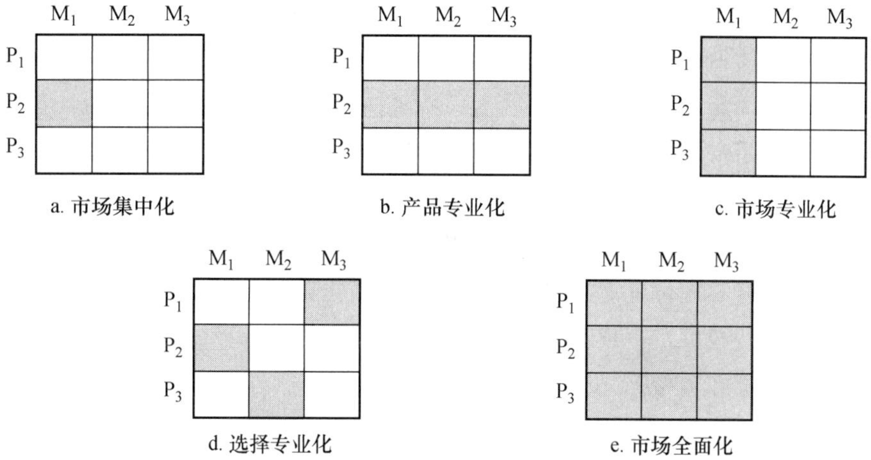

图 3-2 食品企业进入目标市场的模式

(1)市场集中化。最简单的目标市场模式，指食品企业的目标市场都高度集中在一个市场面上，企业只生产一种产品，供应一个消费群体。

优点：经营对象单一，做到专心、专注、专业，可集中力量在一个细分市场上取得较高的市场份额。

缺点：目标市场狭窄，单一产品无备选战略，经营风险较高。

(2)产品专业化。指食品企业生产一种产品向各类消费者销售。可在特定的产品领域树立良好信誉(绿箭口香糖)。但如果这一领域发展出全新的替代技术或挑战产品，该企业则面临经营滑坡的危险。

(3)市场专业化。指食品企业专门为一个消费群体服务，生产、经营他们需要的各种产品。有助于发展和利用与消费者之间的关系，降低交易成本，树立良好形象，分散经营风险。但该消费群体需求一旦下降，企业会遇到收益下降的危险。

(4)选择专业化。指企业有所选择地生产几种产品，有目的进入几个不同的细分市场，满足这些市场面的不同需求。实际上是一种多角化经营模式，分散企业风险。企业须具有较强的资源和营销实力。

(5)市场全面化。指企业在各个细分市场上生产各种不同的产品，分别满足各类消费者的不同需求，以期覆盖整个市场。只有实力雄厚的大企业才有可能采取这种模式。

在现实经济生活中，企业运用这五种目标市场模式时，一般总是首先进入最能营利的细分市场，先站稳市场脚跟再谋求做精、做强，只有在条件和机会成熟时，才会逐步扩大目标市场范围，进入其他细分市场。

二、实施目标市场调研

实施目标市场调研，最核心的因素在于对市场中目标消费者需求的调研，我们所生产的物品及服务产品旨在满足人们的衣食住行等生产、生活需求，而食品营销则侧重于满足目标消费者对食品的需求。

（一）目标消费者调研的目的

目标消费者是指企业在制订产品设计及销售策略时，所选定的消费群体构成。通过对目标消费群体的画像、需求、心理的调研研究，进一步根据调研结果的需求特征在产品上附着目标群体所需的情感性利益，以获得目标消费者心智上的认同和青睐，最终为企业产品抢占消费者心理位置奠定坚实的基础。概括来讲，消费者调研的目的是从“过去”的消费者经验中找改进，从“现在”的消费者画像中找定位，从“未来”的需求中寻找为营销决策提供的依据和参考。

（二）目标消费者调研的作用

1. 帮助企业找准方向，确定目标

一开始就把事情做对，避免越努力企业付出的代价越大，即便是初创业企业也需要做系列调研，通过大量的数据、问卷以及请教业内人士，帮助企业做出相对合理的决策，明确生产服务产品目标。在这个阶段，企业主或工作人员需要通过精密的计算，将产、供、销各环节进行模拟运算，测算出企业开发、生产、销售产品所需耗费的人力、财力、物力，最终预测出产品的毛利和净利，再考虑行业周期和行业预期的因素，坚定产品投资生产方向，明确目标。

2.“以消费者为中心”的产品设计理念

企业依存于消费者，因此应理解消费者当前和未来的需求，满足消费者要求并争取超越消费者期望。在任何情况下，产品的可接受性都由消费者最终确定，但是，随着时间和空间的变化，经济生活、消费水平及审美的日新月异，消费者的需求和期望是随时不断变化的，消费者当时满意不等于以后都满意，如消费者提出要求才去满足，企业就已经处于被动了。要获得主动，企业必须通过定期和不定期的目标消费者调研来了解不断变化的消费者需求和期望，并持续不断地改进产品设计，真正做到以消费者为中心。

3. 提升企业竞争力

企业进行目标消费者调研，发现影响消费者满意度复购率、满意度、忠诚度的关键因素以及一些新的需求和市场机会，从而有利于企业新产品的开发、优化。可以发现企业现有产品的不足及经营中的缺点，有利于企业及时加以纠正，使企业在竞争中立于不败

之地。可以确定企业与其主要竞争对手在满足消费者期望和要求方面成功的程度,即优势和劣势各处在什么位置。可以使企业做到知己知彼,制订合适的竞争策略。

4. 节约企业成本,提高经济效益

目标消费者调研,从设计产品之初就考虑到消费者的需求和期望,使其提供的产品或服务得到消费者的认可,并会准确地预测到消费者的需求的变化。为新产品的设计和研发提供决策依据和支持,在很大程度上减少了企业的浪费,利用有限的资源最大限度地提高企业的经济收益。

(三)目标消费者调研的角度

1. 市场角度

了解产业和行业的运作模式、所处环境和市场数据,便于筛选目标市场。

2. 消费者角度

了解目标市场中全部消费者的分层及画像,便于筛选目标消费者。

3. 产品角度

了解产品中存量消费者的细分和偏好,便于精细化运营。

4. 营销角度

了解消费者不同的体验和评价,便于营销组合推广。

(四)目标消费者市场调研的内容

市场调研的目的是通过搜集与分析有关信息资料,研究解决企业在食品市场营销中存在的问题,并提出相应的解决措施。因此,首先必须确定所需调研的问题,分析清楚是宏观因素还是微观因素。而本节任务是在此前宏观环境和微观环境调研的基础之上,侧重于产品设计本身对目标消费者的吸引程度,刺激消费者的需求,提升产品的产品力,增加产品本身的价值承载力。主要针对产品本身的市场调研的内容包含以下几个方面:

1. 市场需求调研

市场需求调研包括市场产品需求量、需求结构和需求时间的调研,即了解消费者在何时、何地需要什么?如果本企业产品已逐步落后,则需要开发和优化原有产品。

2. 产品市场占有率调研

了解调研产品现在及未来所占市场的大小,了解市场总需求量和最大需求量。对于市场占有率来讲,主要包括两个指标:一是市场覆盖率,二是市场占有率。市场覆盖率是指产品已经占有的消费者比例和市场的比例,而市场占有率则是指本产品在同类产品销售中所占的比例。

3. 产品市场区域调研

分析不同地理区域中的销售机会与潜力,依赖于特定销售地域中产品可能扩展的程度的研究与考察,一般需要考虑消费者的需求、市场的承认与竞争产品的状况等。除此之外,还包括研究各地域市场的有利条件与不利条件、地域市场细分和产品区域文化分析等。

4. 产品市场及行业特征调研

分析特定产品在特定市场的特征和表现，一般是根据销售产品的状况来确定的。比如，将高收入者所使用的产品销售于低收入者的地区，必定不能符合当地消费者的需要。

5. 竞争对手调研

深入考察市场中竞争者的地位，最后确定本企业的产品在众多同类竞争产品中所占的分量与地位，从而确定新产品的战略目标、市场定位和产品定位，需要不断收集竞争对手的资讯，预测竞争者的未来战略和市场反应。寻找竞争较少的市场领域也是新产品开发的一个重要方面，因为市场竞争激烈会减少利润，降低吸引力。

6. 同类产品调研

对市场上已有同类产品的调研，对已有同类型产品进行合理的改进和创造性、开发性设计，重点分析把握产品的功能、材料、结构、外观、加工工艺等。这就要求调研者具有卓越的设计表现力，拥有优秀的造型能力和娴熟的设计表现技能，具有较强的设计实现力，往往一个企业的负责人及研发人员需要密切加入调研或亲临市场一线，同时对调研后的结论应用具有较强的产品策划能力和项目推动能力。

7. 产品设计调研

产品设计的类别与表现，产品形态表达，产品设计的方式、方法，产品设计流程，由表及里，从宽泛到深入。

8. 产品消费影响因素调研

食品是人的生活基础，也是人最关心的、离不开的。民以食为天，产品色彩表达、产品的便利性、健康营养成分、口感好评度、食用环境等也是市场调研需要关注的点。

9. 未来发展趋势调研

新产品开发与企业生存密切相关，企业只有按市场需求不断推出具有时代特色的优质产品才能立于不败之地。企业首先要了解未来新产品的开发环境因素，市场领域的未来发展趋势对处于该市场领域的产品有着决定性的作用，市场未来发展趋势的分析和研判决定了产品的生命周期以及成本效益。随着信息时代的发展，世界的不断融合，中国味道走出了国门，其他国家的美食也有可能摆上中餐桌，国际视野、中国烹饪、经营模式的创新学习等都是可以通过互联网调研获取资料的，也有可能引领一段时间的潮流。

三、目标市场消费者分析

（一）目标市场消费者的特点

1. 广泛性

消费者人数众多，差异性大。从1到1百，从1百到1万，从1万到1百万，从1百万到1亿，中国市场足够大，14亿级往上的人口基数给了从事食品行业及食品营销人才宽广的舞台。

2. 分散性

消费者市场以个人或家庭为购买和消费单位。限于人数、需求量、购买能力、存放条件、产品有效期等因素,购买的批量小、批次多,有限但购买较频繁。

3. 复杂性

由于年龄、性别、职业、收入、教育程度、居住区域、民族、宗教等方面不同,形成多种消费层次,有各种各样的需求、欲望、兴趣、爱好和习惯,对不同的产品或同种产品的不同规格、质量、外观、式样、服务、价格等产生多种多样的需求。企业推出的产品有核心产品、辅助产品,这就要求食品从业者保持与时俱进的眼光,紧密连接消费者,加强与消费者的互动沟通,进而充分紧跟并挖掘消费者的需求。

4. 易变性

消费需求具有求新求异的特性。当生产生活水平逐步提升,人们已经从缺乏物资年代的吃饱需求演变为对美好生活的追求,向好、向美转变。

5. 发展性

科技不断进步,新产品不断出现,消费水平不断提高,消费需求呈现由少到多、由粗到精、由低级到高级的发展趋势。

6. 情感性

消费者购买产品大多属于非行家购买,容易受广告宣传和其他推销方法的影响。占据消费者心中第一心智占位,消费者的情感黏性及复购率频次将会形成消费情感归属,甚至会形成习惯,当选择某个品类时,首先想到的是第一心理品牌。所以,加强心智情感的占据,尤为重要,宣传触达或推销触达方式也需要充满智慧的拆解。

7. 伸缩性

消费者购买行为变化性大,并有较大的需求弹性。也许今天决定购买,明天就可能取消购买决定。

8. 替代性

消费品种类繁多,不同品牌甚至不同品种之间往往可以互相替代。在日新月异的今天,甚至有可能被与自己领域无关的产品替代。

9. 地区性

地理位置的不同导致消费者的不同消费需要、消费爱好和消费习惯,所购产品的品种、规格、质量、花色和价格千差万别。

10. 季节性

季节性气候变化、季节性生产、风俗习惯和传统节日均可引起季节性消费。经过时间检验的美好的习惯和节日值得不断挖掘。

（二）影响目标市场消费者购买行为的因素

1. 文化因素

文化、亚文化和社会阶层等，对消费者的行为具有最广泛和最深远的影响。文化背景不同，受文化熏陶指引不同，人们的需求就会不同，购买行为就会出现差异。每一种文化又分为若干亚文化群：

(1)民族亚文化群。各民族都有其独特的风俗习惯、生活方式和审美观，有些民族还有自己的语言文字、独特的教育体系和教育方式，这些特点都将导致各民族之间在需求和购买行为等方面的差异性。

(2)宗教亚文化群。不同的宗教群体在信仰、生活方式和风俗、审美观和价值观以及禁忌等方面存在区别，进而导致需求和购买行为的差异。

(3)地理区域亚文化群。居住在不同地理区域的人群，也各有其不同的风俗习惯、生活方式、口味、爱好等。

(4)种族亚文化群。白种人、黄种人、黑种人等，都属于不同的亚文化群，他们之间同样具有需求和购买行为上的差异性。

2. 社会因素

社会因素指消费者的相关群体、家庭、社会角色等一系列因素。

(1)相关群体。是指能够直接或间接影响某人的看法和行为的个人或集体。消费者的购买行为会受到许多相关群体的影响：

主要群体。是指那些关系密切，经常发生相互作用的非正式群体，如家庭成员、亲朋好友、邻居和同事等。这类群体对消费者影响最大。

次要群体。是指那些较为正式但日常接触较少的群体，如宗教团体、专业协会、同业组织等。影响强度较弱。

相关群体对消费者行为的影响具有以下特点：

示范性。相关群体的消费行为和生活方式为消费者展示出新行为模式和生活方式。

仿效性。相关群体的消费行为引起人们仿效的欲望，影响人们对产品的选择。

一致性。相关群体促使人们的行为趋于某种“一致化”，从而影响消费者对某些产品牌子的选择。

(2)家庭。一个人一生中要经历两个家庭：

父母的家庭——当消费者做购买决策时，受这个家庭影响比较间接。

自己的家庭——当消费者做购买决策时，受现有家庭影响比较直接。

每一阶段的家庭都会根据自己的财务收支状况来购买最感兴趣的产品，营销人员通常把某一阶段的家庭当作自己的目标市场，推出适当的营销计划。

(3)社会阶层。人们依据其职业、收入、所受教育程度以及居住区域等被划分到一定的社会阶层中。同一社会阶层的人往往有着共同的价值观、生活方式、思维方式和生活目标,与购买行为密切相关。

处于同一社会阶层的人,行为大致相同。一个人处于哪一个阶层由一系列因素决定:职业、收入、财富、教育、价值取向等。现在经常提出的圈层营销,就是找准一个范围进行资源的集中营销。

3. 个人因素

(1)经济状况。包括消费者可支配收入、储蓄、资产和借贷的能力。决定着能否发生购买行为及发生何种规模的购买行为,并决定着购买产品的种类和档次。

(2)生理因素。年龄、性别、体征、健康状况和嗜好等生理特征的差别。决定着对产品款式、构造和细微功能的不同需求。

(3)个性。一个人特有的心理特征,会通过自信、支配、自主、顺从、交际、保守和适应等性格特征来表现。个性不同,审美各异。

(4)生活方式。一个人在生活方面所表现出来的兴趣、观念及繁简程度,还有喜欢参加的活动。

(5)职业。职业不同,消费模式和购买行为则不同(工人、农民、教师等)。

(6)自我概念。自我形象。许多消费者的购买行为是由于期望保持或美化"自我形象"而采取的。

4. 心理因素

消费者的购买行为主要受需要和动机、感觉和知觉、思维和学习、信念和态度四个方面心理因素的支配和影响。

(1)需要和动机。

需要:是指人们感觉到缺少什么从而想获得它们的状态,是整个购买活动的起点。

动机:是指一种推动人们为达到特定目的而采取行动的迫切需要,是行为的直接原因。

需要有多种,按照行为科学的观点,亚伯拉罕·马斯洛把人们的需要分为五个层次,称为需要动机阶梯论:

生理需要——维持基本生活条件的需要(饥渴、冷暖、住房——吃、穿、住)。

安全需要——保护人身、财产安全和防止失业的需要,免于生理和心理伤害。

社交需要——社交往来、得到友谊、参加社会团体。

尊重需要——尊重自己并被他人和社会所尊重,是获得好评、赏识、承认及地位的需要。

自我成就需要——实现理想和抱负、取得成就的需要。

在不同的生产、消费水平和社会条件下,消费者的购买动机可能有不同的表现。我国现阶段大多数消费者的购买动机突出表现在:求实(实用,质量可靠)、求名(信任和追求名牌)、求廉(物美价廉)、求新(喜爱新产品、重视流行式样)、求美(要求产品造型、包装等具有美感)。

(2)感觉和知觉。

感觉:是指消费者通过视、听、嗅、味、触觉对自己所接触到的产品所引起的内在反应。

知觉:是指被理解和接受了的感觉,是整体反应。以下是知觉的三个过程。

①选择性注意:是指在众多信息中,接受对自己有意义的信息以及与其他信息相比有明显差别的信息(打算买汽车的人会十分留意汽车信息而不在意计算机信息)。

②选择性曲解:是指人们趋向于将所获得的信息与自己的意愿结合起来,然后加以接受。

③选择性记忆:是指人们易于记住与自己的态度和信念一致的信息。

(3)信念和态度。

信念:是指人们对事物所持的认识。认识是对整体的一个更深入的看法,它影响人们的行为,指导人们的决策。

态度:是指不同的信念可导致人们不同的态度、不同的倾向。

(4)思维和学习。

思维:是指人们接收信息、存贮信息、加工信息以及输出信息的活动过程,是概括地反映客观现实的过程。

学习:是指消费者在购买和使用产品实践中逐渐获得和积累经验,调整购买行为的过程。

四、新产品定位及设计

(一)新产品及新产品开发

1. 新产品的概念

在结构、材质、工艺等某一个方面或几个方面对老产品进行明显改变,或采用新技术原理、新设计构思,从而显著提高产品的性能,或扩大了使用功能的产品称之为新产品。

可划分为以下几类:

(1)全新产品。应用新技术、新原理、新结构和新材料研制成功的前所未有的新产品,它是科学技术上的新发明,生产上的新应用。经国家科学技术管理部门的鉴定批准,可申请专利,受法律保护。

全新产品,如蒸汽机、电灯、电话、收音机、飞机、电视机、计算机、化纤、抗生素等研制成功并投入使用。这类新产品的问世,往往都伴随着科学技术的重大突破。

(2)换代型新产品。在原有产品的基础上,采用或部分采用新材料、新技术、新结构制造出来的新产品,标志着产品的性能有了重大突破。

例如,电子计算机问世以来,经过 40 多年的时间,经历了以电子管为主要原件的第一代→晶体管为主要原件的第二代→集成电路为主要原件的第三代→大规模集成电路和超大规模集成电路为主要原件的第四代→具有人工智能的第五代产品。

(3)改进型新产品。改进型新产品有两种情况:

①是对原有产品进行的适当改进;

②是原有产品派生出来的变形产品。

改进型新产品与旧产品进行对比:实质性能更加良好;结构更加合理;精度提高;功能更加齐全;采用新工艺设备,使成本有较大幅度的降低。

2. 开发新产品应遵循的原则

(1)根据市场需要开发适销对路的产品,是新产品开发成功与否的关键。

(2)根据本企业资源、技术等能力确定开发方向,既符合市场需要,又能发挥本企业优势。

(3)必须采用国际标准,为我国产品打入国际市场创造有利条件。

(4)必须有良好的经济效益,是衡量新产品开发成功与失败的标志。

(5)量力而行,选择切实可行的开发方案,引进技术,如购买专利、合资经营;引进与改进相结合,如引进国外先进技术再加以改进创新;自行研制,如开展独创性研究,风险大但能给企业提供高速发展的机会。

(二)进行新产品定位

1. 产品及产品整体概念

在现代市场营销学中,产品是指通过交换而满足人们需要和欲望的因素或手段,包括提供给市场、能够满足消费者某一需求或欲望的任何有形产品和无形产品。

学术界曾用三个层次描述产品,即核心产品、形式产品、延伸产品。但近年来,菲利普·科特勒等学者更倾向于用五个层次描述产品的整体概念。

(1)核心产品。是指产品的实用价值(基本效用或利益),它能为消费者提供直接的利益,以某种使用价值满足消费者的需要。

(2)形式产品。是指核心产品借以实现的形式,由五个特征构成,即品质、式样、特征、商标及包装。

产品的基本效用必须通过特定形式才能实现,企业应努力寻求更加完善的外在形式,以满足消费者的需要。

(3)延伸产品。是指产品附带的各种利益的总和,包括保证、维修、送货、技术培训等所有服务项目。给消费者以更多的利益,从而推动企业发展和提高竞争力。

(4)期望产品。是指购买产品时期望得到的与产品密切相关的一整套属性和条件。有时产品的一些细节会让人眼前一亮。

(5)潜在产品。是指现有产品可能发展成为未来最终产品的潜在状态的产品,指出了现有产品可能的演变趋势和前景,如彩色电视机可能发展为电脑终端机,等等。

由此可见,产品的含义十分广泛,它是指向消费者提供一个整体性的满足。

2. 产品定位的含义

产品定位，是根据竞争者现有产品在细分市场上所处的地位和消费者对产品某些属性的重视程度，塑造出本企业产品与众不同的鲜明个性或形象并传递给目标消费者，使该产品在细分市场上占有强有力的竞争位置。其实，市场定位就是塑造一种产品在细分市场上的位置，勾画企业形象和所提供的价值，以使市场全面理解和正确认识本企业有别于其竞争者的象征性的行为。

随着生产力的提高和产品经济发展，在同一市场上有许多同一品种的产品出现。企业为了使自己生产或销售的产品获得稳定的销路，要从各方面为产品培养一定的特色，树立一定的市场形象，以求在消费者心目中形成一种特殊的偏爱。此外，市场定位也有助于企业明确市场营销组合的目标。

3. 新产品定位策略

(1)对峙性定位(对抗性定位、针对性定位)。是指企业选择靠近现有竞争者或与其重合的市场位置，争夺同样的消费者。彼此在产品、价格、分销及促销各个方面的区别不大。

(2)回避性定位(创新式定位、避强定位)。是指企业回避与目标市场上竞争者直接对抗，将位置定在市场上某处空白领地或“空隙”，开发并销售目前市场上还没有的具有某种特色的新产品，开拓新产品市场。

(3)重新定位。是指企业变动产品特色，改变目标消费者对其原有的印象，使目标消费者对其产品新形象有一个重新的认识过程。

企业的新产品在市场上的定位即使很恰当，但遇到以下情况时也应考虑重新定位：竞争者推出的产品定位于本企业产品的附近，占据了本企业品牌的部分市场，使市场占有率下降，各市场参与者需要做出及时应对(伊利的重新定位，就是因为蒙牛在打草原牌，定位于伊利附近，因此伊利才使伊利牛变成中国牛)；消费者的偏好发生变化，从喜爱本企业品牌转移到喜爱竞争者的品牌。

但是，企业在重新定位前必须慎重考虑两个问题：

①企业将自己的品牌定位从一个细分市场转移到另一个细分市场时的全部费用。

②企业将自己的品牌定位在新的位置上的收入。

重新定位主要取决于：这个细分市场的消费者和竞争者有多少；平均购买率有多大；销售价格能定多高。

(三)设计新产品品牌

品牌是用以识别某个销售者或某群销售者的产品或服务，并使之与竞争对手的产品或服务区别开来的商业名称及其标志，通常由文字、标记、符号、图案和颜色等要素或这些要素的组合构成。就其实质来讲，它代表着销售者对交付给消费者的产品特征、利益和服务的一贯性的承诺。包括：

品牌名称:是指品牌中可以用语言称谓表达的部分——李宁、耐克、麦当劳等。

品牌标志:是指品牌中可被认出、易于记忆但不能用言语称呼的部分。

一个品牌可从以下六个方面透视:

(1)属性。这是品牌最基本的含义,品牌首先代表着特定的产品属性,如奔驰意味着工艺精湛、制造优良、昂贵、耐用、速度快,企业可用一种或几种属性做广告,多年来奔驰的广告一直强调"全世界无可比拟的工艺精良的汽车"。

(2)利益。品牌体现了特定的利益。消费者不是买属性而是买利益,这就需要属性转化为功能性或情感性的利益。就奔驰而言,"工艺精湛、制造优良"可转化为"安全""昂贵",可转化为"令人羡慕、受人尊重"的利益。

(3)价值。品牌体现了生产者的某些价值感。

(4)文化。品牌可能代表某种文化。奔驰蕴涵着"有组织、高效率、高品质"的德国文化。

(5)个性。不同的品牌会使人们产生不同的联想,这是由品牌个性决定的。奔驰让人想到一位严谨的老板,红旗则让人想到一位严肃的领导。

(6)消费者。品牌暗示了购买或使用产品的消费者类型。

当受众可识别品牌的六个方面时,称之为深度品牌,否则只是一个肤浅品牌。品牌最持久的含义是其价值、文化、个性,它们构成了品牌的实质。

(四)设计新产品包装

1. 包装的含义

包装是指对某一品牌产品设计并制作容器或包扎物的一系列活动。其构成要素有:

(1)商标、品牌。包装中最主要的构成要素,应占据突出位置。

(2)形状。包装中必不可少的组合要素,有利于储运、陈列及销售。

(3)色彩。包装中最具刺激销售作用的构成要素,对消费者有强烈的感召力。

(4)图案。在包装中,其作用如同广告中的画面。

(5)材料。包装材料的选择,影响包装成本,也影响市场竞争力。

(6)标签。含有大量产品信息,印有包装内容和产品所含主要成分、品牌标识、产品质量等级、生产厂家、生产日期、有效期和使用方法等。

2. 包装的种类

(1)运输包装(外包装或大包装)。主要用于保护产品品质安全和数量完整。

(2)销售包装(内包装或小包装)。实际上是零售包装,不仅要保护产品,更重要的是要美化和宣传产品,便于陈列,吸引消费者,方便消费者认识、选购、携带和使用。

3. 包装的作用

(1)保护食品和延长食品的保存期。

①保护食品的外观质量,产生一定的经济效益。食品在整个流通过程中,要经过搬

运、装卸、运输和储藏,易造成食品外观质量的损伤。食品经过内、外包装后,就能得到保护,以免损坏。

②保护食品的原有品质,延长食品的保存期。食品本身具有一定的营养成分和水分,这是细菌、霉菌等生产繁殖的基本条件,当食品保存的温度适合它们繁殖时,便致使食品腐败变质。如果食品采用无菌包装或包装后进行高温杀菌、冷藏等处理,就会防止食品腐败现象的发生,延长了食品的保存期。

同时,食品本身具有一定的水分,当这些水分的含量发生变化时,就会导致食品风味的变化或变坏。如果采用相应的防潮包装技术,就能防止上述现象的发生,也就有效地延长了食品的保存期。

(2)包装食品方便流通。有的包装是食品流通的容器,如瓶装酒类、饮料、罐装罐头、袋装的奶粉等。这些包装的瓶、罐和袋,既是包装容器.也是食品流通和销售的移具,给食品流通带来了极大的方便。

(3)增加方便食品品种,方便于消费者。有的方便食品具有地方风味,只有经过包装后才能进行流通。包装可以使各地名优食品进行流通,增加人们的日常食品种类。再有,生鲜食品,如速冻水饺等半成品经过保存技术后,就可以方便人们的食用。

(4)防止食品污染。食品在流通时,要同容器和人手接触,易使食品受到污染,经过包装后的食品就能避免这种现象的发生,有利于消费者的身体健康。

(5)增强食品流通的合理性和计划性。生鲜食品,易腐败变质,不易远边运输,如水果和水产品等,在产地制成各种罐头,就能减少浪费,降低运输成本,增强食品流通的合理性和计划性。

(6)促进食品的竞争,增进食品的销售。各种各样精美的食品包装袋能在心理上增加消费者的购买欲望,刺激其消费。而随着食品行业竞争日渐激烈,一个好的食品包装袋甚至可以提升产品的品牌形象竞争力,可以直接反应品牌和食品企业的形象。

【经典案例】

2012 年至今,茶饮行业逐渐朝精品茶饮方向迈进,主打健康概念的茶饮产品愈加受到消费者关注。商家持续注重茶饮品质提升,如采用新鲜牛奶、进口奶油代替奶精,采用高品质茶叶代替茶末等。在此阶段,代表品牌包括喜茶、奈雪的茶等高端品牌脱颖而出。

茶饮企业更加注重传递品牌价值观,通过高颜值店面装修、健康原材料、时尚产品包装、优质茶饮口感、市场差异化营销等策略赋予品牌鲜明特色。在受到大量年轻消费者关注,进而获得资本市场认可的时候,定位于低端市场的蜜雪冰城却凭借低价策略,在低线城市发展迅速,截至 2020 年,蜜雪冰城旗下门店数量超过 10 000 家,相比较之下,喜茶、奈雪的茶旗下门店数量不足千家。蜜雪冰城成为高速扩张的代表品牌。

在茶饮市场日趋饱和的现状下,蜜雪冰城不与中高端茶饮品牌抢占“中产市场”,而是敏锐的通过细分市场发现了小镇青年这个下沉市场，将目光聚焦于三四线及以下的城市，并且旗下产品单价在3～10元，更贴近学生及年轻消费者。相比高线城市，下沉市场的小城青年们对茶饮产品价格及优惠活动敏锐度更高，为主打性价比的蜜雪冰城带来极大竞争优势。由于线下门店数量已达万家级别，蜜雪冰城一跃成为下沉市场茶饮巨头。

2022年，蜜雪冰城全年采购茶叶超9 000吨，带动超50 000家茶农增收；为超11 000名加盟商提供创业平台，全产业链创造就业岗位超50万个……蜜雪冰城已成为下沉市场茶饮巨头。

本案例内容部分援引于报告《茶饮行业现状如何，蜜雪冰城为何爆火，品牌核心优势在哪里?》，首发于头豹科技创新网（www.leadleo.com）。

案例分析认知：

一、以上案例是采用哪种因素进行市场细分的：________________________

____

二、你认为在这方面还有哪些市场机会：________________________

____

三、谈谈你的感想：________________________

____

任务1　寻找食品企业目标市场

【任务内容】

寻找食品企业的目标市场：

(1)根据前期的调研情况对整个市场进行细分及细分市场描述；

(2)进行目标市场的评估和选择。

【任务目标与质量要求】

任务目标与产出

编写出结构合理，内容得宜，具有一定写作水平细分市场评估报告，在报告中需要体现以下内容：市场细分的方法、依据和因素，细分市场特征描述，细分市场吸引力及企业的资源目标分析，目标市场初步选择建议。

质量要求

细分市场评估报告内容及结构如下。

1. 目录

目录需层次分明，格式整齐，目录中所标页码与实际页码必须保持一致。

2. 正文

(1)市场细分标准的选择。说明市场细分选用的细分标准是什么,属于哪类,为什么这样选择。市场细分标准有四类,分别是:地理因素、人口因素、心理因素和行为因素。

(2)进行市场细分的方法。根据市场的复杂程度选择不同市场细分方法,如选择多因素细分法或序列细分法,需绘制市场细分表。

(3)进行细分市场命名及特征描述。确定了细分标准并选择了细分方法后,进行市场细分并对细分出来的各个子市场进行标号和命名,一般都采用能代表各细分市场特征的词汇来命名各细分市场。

(4)细分市场吸引力分析。对各细分市场进行分析,从规模与成长性、投资回报水平、盈利性、风险性、竞争者的数量等方面入手。对小企业来说,市场规模过大并不利:一则需要大量的投入,二则对大企业的吸引力过于强烈。唯有对企业发展有利的市场规模才是具有吸引力的细分市场。

(5)企业资源情况及目标分析。阐明食品企业现有的人力、物力、财力资源能够满足哪些细分市场的需求,这些细分市场所具有的特征与企业目标是否吻合。

3. 结论

根据企业需求状况和企业营销实力,正确选择企业准备进入的细分市场,并分析进入的原因,主要是确定选择哪一个或哪几个细分市场,细分市场类型和数量一般根据企业的营销目标与营销实力来确定。中小企业选择细分市场不宜太多,范围不宜太大。

【业务经验】

一、市场细分的标准

因为市场需求千差万别,需求的因素又错综复杂,所以企业在进行市场细分时,没有统一的标准和模式。各企业应根据消费者需求的特点、行业经营的实际等,综合考虑,灵活选择细分标准,消费者市场常用的细分标准有地理因素、人口因素、心理因素、行为因素四种。

1. 地理因素

由于处于不同地理位置和不同地理环境,消费者会形成不同的消费需求、消费习惯和偏好,因此地理细分是常用的市场细分方法,比如在饮食习惯上全国各地有明显的差异,因此在餐饮市场上,粤菜馆、湘菜馆、川菜馆、东北菜馆等各具地方特色的餐馆争奇斗艳。

按地理因素进行具体细分标准有:国别、地区、城市规模、人口密度、气候等。

但是地理因素是一种静态因素,处于同一地理位置的消费者仍然会存在较大的需求差异,因此,企业在进行市场细分时,还必须进一步考虑其他因素。

2. 人口因素

企业按照人口调查统计的内容,年龄、性别、收入、职业、教育水平、家庭大小、民族、宗教信仰等“人口变数”来细分市场,这是市场细分的主要标准,这些因素比较容易获得并衡量,而且消费者的需求又与此有密切的关系,如收入是影响消费者对休闲食品需求的重要因素。

3. 心理因素

在上述地理因素、人口因素方面具有相同或相近特征的消费者,可能仍会表现出极大的需求差别,原因主要在于消费者心理因素的影响。

因此心理细分是指企业以社会阶层、生活方式以及个性等变数作为划分消费者群的基础,例如消费者对待生活、工作、娱乐的态度和行为。据此可将消费者划分为享乐主义者、实用主义者、紧跟潮流者、因循守旧者等不同类型。

此外,消费者还会根据自己的背景,将自己主观融入某一社会阶层,这会在消费和购买产品时反映出来。

4. 行为因素

行为因素主要指消费者在购买过程中对产品的认知、态度、使用等行为特点,主要的细分依据有寻求利益、使用率、消费时机、使用者状况等。

(1)按寻求利益细分。寻求利益指消费者对所购买的产品能带给自己的好处有不同的要求,经营者应了解消费者在购买其种产品时所重视的主要利益是什么,消费者还有哪些利益没有得到满足,进而使自己的产品突出这些利益要求,就可以更好地吸引消费者的兴趣。

(2)按使用率细分。使用率反映的是消费者使用量的大小。根据消费者使用量的不同,可将消费者分为少量使用者、中量使用者、大量使用者,比如,啤酒厂大多选择大量使用者作为自己的目标消费者,他们需要研究这些消费者的特征,并制订出相应的营销策略。

(3)按消费时机细分。消费时机是指消费者需求和消费产品的时间特性,如对旅游的需求在假期和寒暑假处于高峰。“白加黑”感冒片,因为能够“白天吃白片不瞌睡,晚上吃黑片睡得香”,从而比其他感冒药品更受上班一族的欢迎。

(4)按使用者状况细分。许多产品都可以按照消费者对产品的使用情况进行如下分类:

未曾使用者、曾经使用者、潜在使用者、初次使用者、经常使用者。一般,实力雄厚的大企业特别注重吸引潜在消费者,将其转变为企业的消费者,而中小型企业则以维持现有消费者为主,提高他们对企业和产品的偏好和忠诚度。

二、市场细分的方法

根据细分依据的多少,市场细分有三种方法:

1. 单一因素法

单一因素法是指根据影响消费者需求的某一种因素细分市场。

2. 综合因素法

综合因素法是指选择两个或三个细分依据进行市场细分的方法，这时可以借助二维或三维坐标图，直观地显示细分市场的状况，如以收入、年龄来细分某一市场。

3. 系列因素法

系列因素法是指企业选择多个细分依据，由粗到细，逐步进行市场细分的方法。如可以对服装市场选取性别、年龄、收入、追求利益四个因素进行细分。

将不同因素进行不同的组合，就可以得到不同的细分市场，当然其中有些细分市场可能是没有实际意义的，因此还需进行进一步的分析、筛选。

三、细分市场分析

1. 细分市场的规模

细分市场规模是指在一定时期内，各细分市场中的消费者对某种产品的最大需求量。细分市场应该有足够大的市场需求潜量。如果某一细分市场的潜量太小，则意味着该市场狭小，没有足够的发掘潜力，企业进入后发展前景暗淡。但是对小企业来说，市场规模过大并不利：一则企业无法满足，二则会导致竞争激烈。合适规模的细分市场才是具有吸引力的细分市场。要正确估测和评价一个市场规模，关键是看消费者数量和他们的购买力水平这两个因素。

2. 细分市场的竞争状况

对细分市场竞争状况进行分析，竞争可能来自市场中已有的同类企业，也可能来自即将进入市场的其他企业，企业在市场中可能占据的竞争地位是评价各个细分市场的主要方面之一。对细分市场吸引力可从以下几个方面进行分析：

(1)竞争者数量较少、竞争者实力较弱的细分市场更有吸引力；

(2)进入壁垒高、退出壁垒低的市场更有吸引力；

(3)已存在替代品或即将出现替代品的细分市场吸引力会降低。

当然，最终企业自身的竞争实力也决定了其对细分市场的选择，竞争实力强，对细分市场选择的自由度就大一些，反之，受到的制约程度就高一些。

3. 细分市场的投资回报水平

企业十分关心细分市场的盈利水平。高投资回报率是企业所追求的，必须对细分市场的投资回报能力做出正确的估测和评价。

四、企业资源情况及发展分析

企业的整体规划发展和细分市场的特征是否切合，是企业选择细分市场的因素之一。企业的资源优势表现在资金实力、技术开发能力、生产规模、经营管理能力、交通地理位置等方面。既然是优势,必须是胜过竞争者的。如果企业优势在细分市场中正好能让企业获得竞争优势,那么这个细分市场是具有可选性的。

【工作程序与方法引导】

一、工作程序

二、方法引导

(一)市场细分的程序

(1)选定产品的市场范围;

(2)列举潜在消费者的基本需求;

(3)分析不同潜在消费者的不同需求;

(4)移去潜在消费者的共同需求;

(5)依照一定的标准划分相应的市场群,为不同的子市场暂定一个称谓;

(6)测量各子市场的规模与潜力。

(二)单一因素、综合因素及系列因素法的应用

1. 单一因素法应用

可选择某一个细分标准,以下是常用的细分标准。

(1)地理因素。区域、城市规模等,如按城市规模可以分为特大型城市市场、大型城市市场、中小型城市市场、县城与乡镇市场。

(2)人口因素。性别、年龄、职业、收入等,如根据年龄,可把儿童玩具市场划分为若干子市场:1~3岁、3~5岁、5~7岁、7~10岁、10~12岁、12岁以上。

(3)心理因素。生活方式、品牌偏好等,如按生活方式可将消费者划分为享乐主义者、实用主义者、紧跟潮流者、因循守旧者等不同类型。

(4)行为因素。寻求利益、使用率、消费时机、使用者状况等,如按追求的利益可将购买牙膏的人分为在意味道的、关注洁齿的、预防龋齿的、喜欢经济实惠的等。

2. 综合因素法和系列因素法应用

这两种方法都需要绘制市场细分表,制作市场细分表方法如下:

(1)选定产品的市场范围。

(2)选择市场细分的标准,可以依据产品的情况从四种因素各类标准中进行选择,常用的细分标准有区域、性别、年龄、职业、收入、使用情况、品牌偏好情况等。

(3)制作市场细分表。根据确定的市场细分标准,制作市场细分表并填入有关数据和市场资料。确定的市场细分标准填入表格第一行。细分标准填入注意次序排列,一般来说,应该这样排列:区域、性别、年龄、职业收入、使用情况、品牌偏好情况。

(4)填入具体资料,如区域可根据企业市场情况分为“西北区”“东北区”等,性别分为男和女,年龄可以分为16～25岁、26～40岁和41～55岁及55岁以上几个段,然后按照次序依次完成细分表格的资料填入,见表3-9。

表3-9 市场细分表

区域	性别	年龄	职业	收入	使用频率	品牌偏好
西北区	男	16～25	工人	低收入	一周一次	……
东北区	女	25～40	……	……	……	……
……		41～55	……	……	……	……
……		55以上	……	……	……	……

(5)细分市场的命名。

①综合因素细分法,需要对所有细分市场进行标注。如果选择三因素区域—性别—年龄,如图所示区域分四个共计有子市场32个,如“西北—男性(26～40)”“西北—女(26～40)”等。

②系列因素细分法,只需要对系列中的细分市场进行标注。如果选择三因素区域—性别—年龄,子市场为4个,如选择西北区、男性系列子市场为:西北—男性(16～25);西北—男性(26～40);西北—男性(41～55);西北—男性(50以上)。

【学徒任务】

××食品企业细分市场评估报告
一、绘制市场细分表   二、细分子市场描述   三、细分市场评估

【考核与评价】

一、任务考核

师傅根据学徒在寻找目标市场过程中的具体表现、市场细分应用的熟练度和市场评价的规范性进行量化考核，占40%；学徒与其他的工作伙伴的协同合作，占25%；合作伙伴对学徒活动中的表现进行评价，占20%；学徒对自己的活动表现进行自评，占15%。师傅打分时要充分考虑每个学徒的综合表现以及在寻找企业目标市场过程中的作用、表现和贡献。

二、效果评价

1. 自我评价

(1)通过本次学习我学到的知识点/技能点有：______________________________________

____

不理解的有：____

(2)我认为在以下方面还需要深化学习并提升岗位能力：________________________

____

(3)在本次工作任务学习过程中，我的表现可得：□ □ □

2. 综合评价

项目	评价内容：综合能力评测 (1)请在对应的条目○内打“√”“×”，不确定的条目不填，可以在小组评价时让本组同学讨论并写出结论。 (2)评价结果全对得 ，错一项得 ，错两项得			评价等级（学生互评）		
工匠精神测评（组内互评）	○按时到场	○书、本、笔齐全	○责任心强			
	○工作积极主动	○合理使用学习资源	○主动帮助他人			
	○接受工作分配	○有效沟通	○高效完成工作任务			
专业能力测评（组内互评）	○细分标准选择合理	○细分操作无误	○细分市场间无法合并			
	○细分市场标记正确	○细分市场评估清晰	○企业评估准确			
	○细分市场选择有据	○细分选择建议明确	○结论符合企业状况			

任务 2 实施目标市场调研

【任务内容】

制订目标市场调研计划、实施目标市场调研：

(1)设计针对目标市场的调研计划；

(2)对目标市场进行消费者需求调研。

【任务目标与质量要求】

任务目标与产出

编写出切实可行、步骤具体的目标市场调研计划，填写调研实施过程记录单。

质量要求

在调研计划中体现以下内容：

(1)封面。调研计划名称、调研人姓名、调研计划制作的日期、调研编号。

(2)目录。目录中所标页码与实际页码必须保持一致。

(3)正文。调研背景、目的、调研时间、调研地点范围以及对象、调研内容、调研人员、进度安排、调研预算。

(4)附录。调研问卷。

调研实施过程记录单应该明确填写：

调研地点，时间段，调研人员，调研实施过程简介，问卷发放、回收情况，有效问卷数等。

【业务经验】

一个完善的目标市场调研计划一般包括以下几个方面：

1. 确定调研目的

按照食品企业的不同需要，目标市场调研的目的有所不同，例如，产品目前是否属于目标市场上的刚需产品，是否需要进行改造，是否需要迭代、升级，是否需要进行全面革新，重新研发出更加领先的新一代产品。

2. 明确调研对象

确定调研对象，即由哪些人提供资料，因为在前面已经进行市场细分和目标市场选择，所以调研对象就是针对目标市场进行的，目标消费群体确定以后，就要调研他们的消费水平、饮食习惯、口味要求等。

3. 拟定调研内容

调研内容是收集资料的依据，是为实现调研目的服务的，可根据目标市场调研目的确定具体的调研内容，例如，针对健康食品的目标消费群体的调研内容应包括年龄结构、健康状况、消费理念、消费水平、购买渠道等。

4. 设计调研问卷和绘制调研表

调研问卷和调研表是目标市场调研的基本工具，一定要把握科学、合理的原则，否则会直接影响目标市场调研的效果。

5. 确定调研地区范围

调研地区范围应与企业产品销售范围相一致，应该包括本企业产品所覆盖的所有区域。如果是新产品试点，可以选择部分城区作为调研区域，然后深入到各街道社区，还可以辐射到周边人口比较密集的市、县，最大限度地保障调研资料的准确性。

6. 明确抽样方法

在目标市场调研的实践中，企业更多的是采用抽样方法而非市场普查，因此在调研准备阶段需要进行抽样设计，即确定恰当的样本数目和抽样方法，使得抽选出来的样本能够真正代表总体。抽样方法一般分为两大类：随机抽样与非随机抽样。随机抽样是指对调研总体中每一个个体都给予平等的抽取机会，排除了人为主观因素的选择。非随机抽样是指调研总体中每一个个体不具有被平等抽取的机会，而是根据一定主观标准来抽选样本。它又可分为任意抽样、判断抽样、配额抽样和等距抽样等。只有对目标市场非常熟悉的时候才会采用非随机抽样。

7. 人员组织与培训

可由企业的市场部或企划部来负责调研项目的组织工作，如果企业达不到一定规模，则需要由企业主要负责人牵头成立调研工作小组，寻找懂行的专业人才作为调研顾问。

调研者可以是本企业员工，也可从社会、学校招聘，根据调研项目、内容、时间等因素来核定调研者的人数。针对产品调研组织专业的培训，培训后加以演练、测试，确保调研者对调研事项熟练掌握。

8. 工作进度安排

制订目标市场调研项目工作进度时间表，确定各阶段的工作内容及所需时间，以确保在调研过程中适时调控，确保调研质量。

9. 费用预算

目标市场调研的费用预算主要有调研问卷，调研表的设计和印刷费，调研工具开发费，调研者培训费，调研者劳务费，调研结果统计、处理费用等。企业应核定目标市场调研过程中将发生的各项费用支出，合理确定目标市场调研总的费用预算。

10. 实施调研

对目标消费者进行调研，由于情况的复杂性和目标市场的多变性，不能马上确定问题所在和调研的范围。为此，可先进行一次小规模的非正式调研，即开展探测性调研。

探测性调研的资料准备，除已经收集或准备征询的案头资料外，参考以往类似的案例也可能得到启发，同时可向产品设计者、技术人员、专家和有关人士请教。

【工作程序与方法引导】

一、工作程序

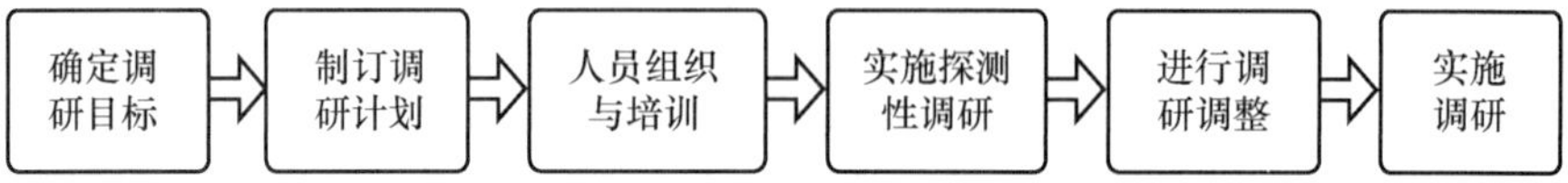

二、方法引导

（一）目标市场调研问卷的设计技巧

目标市场调研问卷是调研者根据一定的调研目的和要求，按照一定的理论和假设设计出来的，是向被调研者收集资料的一种工具。调研问卷由一系列的问题、调研项目备选答案及说明组成。

1. 目标市场调研问卷的结构

目标市场调研问卷一般由前言、主体和结束语三个部分组成。

(1)前言。包括问候语、填表说明、问卷编号等内容。不同的问卷所包括的开头部分会有一定的差别。

①问候语。也叫作问卷说明，包括称呼、问候、调研者介绍、调研目的、回答的意义和重要性、所需时间、致谢等。作用是引起被调研者的兴趣和重视，消除顾虑，激发调研对象的参与意识，在说清内容的情况下尽量简短。

②填写说明。在自填式问卷中，填写说明必须详细，包括如何填写问卷，如何提交问卷。

③问卷编号。以便于校对检查、更正错误。

(2)主体。是问卷的核心，主要由问题和答案组成。一般把问卷的主体又分为两部分：一部分是被调研者的背景资料，即关于个人的性别、年龄、婚姻状况、收入等问题；另一部分就是调研的基本问题，很多问卷出于降低敏感性的考虑，把背景资料的问题放在基本问题后面，这是可以的，但如果调研对象不介意，我们可以把这一部分放在前面，因为这一部分问题很好回答。

(3)结束语。这一部分是调研的一些基本信息，如调研时间、地点、调研者姓名、被调研者的联系方式等。最后我们还要对被调研者的配合再次给予感谢。

2. 目标市场调研问卷的设计原则

(1)明确性。命题清晰明确,便于回答;在设计问卷之前,一定要搞清楚,这次调研的主题是什么,受试人群范围是否有限制,希望能够收到一个怎样的结果,根据这些来选择出题类型、描述用语。

(2)一般性。设计问卷时要考虑到被调研者的社会背景、文化程度、心理反应、主观意愿、客观能力等多种因素,尽可能使问卷适合于被调研者。不能带有常识性的错误,即问题的设置具有普遍意义。

(3)逻辑性。问题与问题之间要具有逻辑性,独立的问题本身也不能出现逻辑上的谬误。问题设置紧密相关,在综合性的问卷中,调研者将差异较大的问卷分块设置,从而保证每个"分块"的问题都密切相关。

(4)非诱导性。问题要设置在中性位置上,不参与提示或主观臆断,完全将被访问者的独立性与客观性摆在问卷操作的限制条件的位置上。

(5)便于整理、分析。要求调研指标是能够累加或便于累加的,同时,指标的累计与相对数的计算是有意义的。最后,能够通过数据清楚、明了地说明所要调研的问题。

(二)调研实施过程记录

调研实施过程记录表具体内容见表3-10。

表3-10 调研实施过程记录表

任务/作业	计划天数	日期(月/日)	开始	结束
1. 会议决议分工明确				
2. 培训预调研内容				
3. 调研演练				
4. 选择调研预访问人				
5. 实地访问				
6. 访问记录整理				
7. 访问进度评估				
8. 及时纠偏激励				
9. 调研总结复盘				

【学徒任务】

××食品企业目标市场调研计划

一、前言

二、调研目的

三、调研对象抽样方法

四、调研区域和范围

五、调研进度安排

六、费用预算

七、调研问卷(可粘贴附页)

××食品企业目标市场调研实施记录

一、调研实施过程记录表

任务/作业	计划天数	日期(月/日)	开始	结束
1. 会议决议分工明确				
2. 培训预调研内容				
3. 调研演练				
4. 选择调研预访问人				
5. 实地访问				
6. 访问记录整理				
7. 访问进度评估				
8. 及时纠偏激励				
9. 调研总结复盘				

二、调研实施情况总结

1. 调研实施过程简介

2. 问卷发放、回收情况及有效问卷数

【考核与评价】

一、任务考核

师傅根据学徒在制订目标市场调研计划及目标市场调研过程中的具体表现进行量化考核，占40%；学徒与其他的工作伙伴的协同合作，占25%；合作伙伴对学徒活动中的表现进行评价，占20%；学徒对自己的活动表现进行自评，占15%。师傅打分时要充分考虑每个学徒的综合表现以及目标市场调研过程中的作用、表现和贡献。

二、效果评价

1. 自我评价

(1)通过本次学习我学到的知识点/技能点有：________________________

____

不理解的有：________________

(2)我认为在以下方面还需要深化学习并提升岗位能力：________________

____

(3)在本次工作任务学习过程中，我的表现可得：□ □ □

2. 综合评价

<table>
<tr><td rowspan="2">项目</td><td colspan="4" rowspan="2">评价内容：综合能力评测
(1)请在对应的条目○内打“√”“×”，不确定的条目不填，可以在小组评价时让本组同学讨论并写出结论。
(2)评价结果全对得 ，错一项得 ，错两项得 </td><td colspan="3">评价等级
(学生互评)</td></tr>
<tr><td></td><td></td><td></td></tr>
<tr><td rowspan="3">工匠精神
测评
(组内互评)</td><td colspan="2">○按时到场</td><td>○书、本、笔齐全</td><td>○责任心强</td><td></td><td></td><td></td></tr>
<tr><td colspan="2">○工作积极主动</td><td>○合理使用学习资源</td><td>○主动帮助他人</td><td></td><td></td><td></td></tr>
<tr><td colspan="2">○接受工作分配</td><td>○有效沟通</td><td>○高效完成工作任务</td><td></td><td></td><td></td></tr>
<tr><td rowspan="4">专业能力
测评
(组内互评)</td><td>调研
计划</td><td>○封皮、目录清晰</td><td>○目的明确</td><td>○要素齐全、结构完整</td><td></td><td></td><td></td></tr>
<tr><td>调研
问卷</td><td>○结构完整</td><td>○问题表达清晰</td><td>○问题数适宜、顺序合理</td><td></td><td></td><td></td></tr>
<tr><td>调研
实施</td><td>○分工合理、明确</td><td>○培训有效</td><td>○进度合理、选点正确</td><td></td><td></td><td></td></tr>
<tr><td>调研
记录</td><td>○结构合理、要素全</td><td>○真实、有效</td><td>○标记清晰、易整理</td><td></td><td></td><td></td></tr>
</table>

任务3　进行目标市场需求分析

【任务内容】

进行目标市场需求分析，撰写目标市场需求分析报告：

(1)整理目标市场调研资料；

(2)进行目标市场需求分析；

(3)撰写目标市场需求分析报告。

【任务目标与质量要求】

任务目标与产出

依据调研资料编写出有理有据、分析清晰、指向明确的目标市场需求分析报告。

质量要求

目标市场需求分析报告需满足以下要求：

(1)结构需完整，一般包括标题、目录、导言、主体和结尾。

(2)目的明确，方法科学，信息客观、准确，资料和观点相统一。

(3)应包含目标市场的消费者需求类型、消费者购买动机、消费者购买类型分析。

(4)语言简明易懂，并具有真实性、针对性、时效性、科学性和新颖性。

【业务经验】

一、目标市场消费者需求分析

在升级现有产品或者开发新产品时，产品设计及创意来源于对目标消费者进行充分的需求分析。

需求：是指人们感觉到缺少什么，从而想获得它的一种心理状态。

消费需求：是指人们对生产质量和生活资料的需求欲望。一般具备两个基本条件：购买欲望、购买能力。

消费者的需求是多种多样的，并不一定都能满足，因此必须进行分类，使企业能有针对性地满足目标市场的需求。1943年，美国心理学家亚伯拉罕·马斯洛创立了“需求五层次”理论，即生理需求、安全需求、社会需求、自尊需求和自我实现需求。

1. 生理需求

生理需求是指与个人生存直接相联系的需求，如衣、食、住、行方面的需求。生理需求是驱使人类进行各种行为的强大动力，当人们的生理需求得到了一定程度的满足时，人们才会产生更高一层次的需求。

2. 安全需求

安全需求是指人类为了保障身体、健康及财产等周边安全不受危险和威胁而产生的需求及社会稳定，没有灾难、没有疾病、没有危险、没有混乱。

3. 社会需求

社会需求是指人们在社会生活中期望能得到社会群体或个人的认可，使自己在精神上有所归属，如爱情、友谊、鲜花、礼品等。得不到会感觉孤独，精神萎靡。

4. 自尊需求

自尊需求是指人们对名誉、地位的欲望及个人能力、才华和成就能得以展示，并能获得人们尊重和社会认可，如受人尊重、威望、成就、赞赏等。

5. 自我实现需求

自我实现需求是指人类的高级需求，是人们充分发挥个人能力，实现理想抱负，取得成就等需求，如获得成就的欲望、个人自主权的行使等。

只有低一档次的需求得到一定程度的满足时，才会出现高一层次的需求，如生理需求最低达到80%，安全需求最低达到70%，社会需求最低达到50%，自尊需求最低达到40%，自我实现需求最低达到30%，才能感到满足。

人们的需求未得到满足前，这一层次的需求便推动消费者采取购买行为，也便成为企业的目标市场。食品工业机会点在经济发展水平低下时满足人们的生理需求，而随着经济发展水平的提高，从吃得饱已经转变为吃得好，包括环境氛围的匹配，已经上升到社会需求和自尊需求，甚至美食领域更实现了很多人的理想抱负，做一个美食家等，也就是自我实现需求。

二、目标市场消费者购买动机分析

人们的一切活动，包括购买行为都是为了满足自身的某些需要。

动机，是一种推动和维护人们达到特定的目的而采取行动的直接原因，也是推动人们进行各种活动的愿望和思想。消费者的购买动机是消费者为了满足某种需求，产生的对某种产品的购买欲望和意向，是消费者做出产品决策的内在驱动力，是引起购买行为的前提。

引起消费者购买动机的原因主要来自两个方面：消费者的需求和外界对消费者的刺激。不同的购买动机，构成消费者不同的购买行为。这里将消费者购买动机分为生理性动机、心理性动机和社会性动机三大类。

1. 生理性动机

生理性动机是由生理需求引起的，即购买维持生命生理需要的生活资料相关的东西，是人们最基本的购买动机。如对粮食、副食品、服装等产生的购买动机。

2. 心理性动机

(1)感情动机。是指由消费者的认知、情感、意志等心理过程引起的购买动机。

(2)理智动机。是指建立在消费者对产品的外形、性能、质量等特征，经过思维分析后产生的购买动机。

(3)惠顾动机。是指消费者基于感情和理智的判断，对某产品、品牌、企业、商店等产生的特殊的信任和偏好，驱使其重复地、习惯性地购买的一种行为动机。

3. 社会性动机

社会性动机是指消费者主要受社会因素的影响，购买某些产品来满足社会性需求的购买动机，如购买食品、衣服、药品捐给地震灾区或洪涝灾区。

三、目标市场消费者购买行为分析

1. 按消费者的个性特征分

(1)习惯型购买行为。是指消费者根据自己对产品的信任和喜好，忠于一种或某几种品牌，购买时目标明确，并常常出现重复购买的行为。这种类型的购买行为在日常生活必需品中比较多见，企业应尽可能地争取更多的习惯型消费者。

(2)理智型购买行为。是指消费者在购买活动中以理智为重，对产品的效用、特性、价格、式样进行仔细比较和考虑后做出决策的购买行为。企业对这类消费者应真诚地提供更多的可靠信息，才能更加坚定他们对产品的选择。

(3)冲动型购买行为。是指消费者在购买活动中易受外界因素的影响，而冲动地做出购买决策的行为。企业对这类消费者应尽量通过促销手段来感染消费者，调动消费者情绪，从而争取消费者的购买行为。

(4)经济型购买行为。是指消费者主要从经济的角度出发，以经济实惠、物美价廉为中心做出购买决策的行为。企业对这类消费者可以采用产品降价、产品优惠等促销方式吸引他们。

(5)情感型购买行为。是指消费者往往受到感情的支配来做出购买决策的行为。这种类型的消费者都具有一定的艺术细胞，善于联想，审美情趣高，在购买过程中易受产品的品牌、知名度及象征意义等影响。企业对这类消费者可以采用丰富产品的寓意、加强产品的现代包装等方式来打动他们。

(6)随意型购买行为。是指消费者在一些产品的购买中没有固定的要求，而是抱着试试的态度来选购的一些购买行为。这种类型的消费者对产品缺乏购买经验，没有固定的偏好。企业对这种消费者可以采用加强广告宣传的方式来刺激消费者，引起消费者的购买欲望和购买动机，最终实现购买行为。

2. 按消费者购买介入程度和品牌差异程度分

(1)复杂型购买行为。是指消费者对价格昂贵、品牌差异大、功能复杂、不常买的产品，由于缺乏必要的产品知识，在进行产品选购前要进行信息收集、仔细对比等高度介入，以求降低风险的购买行为。企业的具体营销策略：制作详细食品市场营销的产品说明书；实行灵活的定价；通过广告宣传树立品牌。

(2)协调型购买行为。是指消费者对价格高、品牌差异小、不经常购买、购买时有一定风险的产品，购买介入度高，购买时需要花费大量的时间和精力去货比三家，最终做出决定，但购后又容易出现不满意等失衡心理，需要企业及时化解的购买行为。企业的营销策略：定价合理、真诚服务、树立企业良好形象；选择与同类产品在同一地点和时间进行销售，以便消费者进行对比；培养专业化、服务好的销售专员，能及时为消费者进行产品推销，消除消费者心中疑虑。

(3)多样型购买行为。是指消费者对品牌差异大的产品，不愿花费时间和精力去评价和选择，而是为了寻求多样化，不断变化所购品牌的购买行为。针对这种购买行为，企业可采取的策略有：品牌多样化，并突出不同品牌的特性和优势；不同的品牌确立不同的价格定位；加大广告宣传，树立品牌形象。

(4)习惯型购买行为。是指消费者对于价格低廉、品牌差异小、经常购买的产品，花最少的时间，随时就近购买的一种最简单的购买行为。企业可采取的策略：在消费者方便的地区设置销售网点，为消费者随时购买提供条件；采取价格优惠政策；进行产品改良，加强品牌效应；加大促销力度，发展新的消费者。

【工作程序与方法引导】

一、工作程序

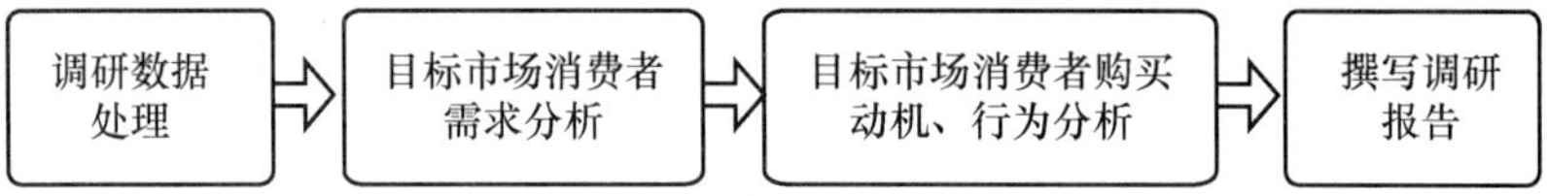

二、方法引导

（一）调研数据处理

调研数据的整理、分析一般包括以下五个程序：

1. 分类

分类，即把资料分开或合并在有意义的类目中。分类的方法有两种：一种是事先分类，即在问卷设计时已将调查问题预先做了分类编号，资料收集后只要按预先的分类进行整理即可；另一种是事后分类，市场调查中有些问题事先无法分类，如购买动机、非结构性问题的询问等，只能在事后分类。

2. 编校

编校包括检查、改错和修正三个方面的工作。首先，要对资料进行鉴别、筛选；其次，剔除其中的虚假因素；最后，检查资料的完整性，看其是否有重复和遗漏之处，对前后有矛盾、逻辑错误的资料要及时修正或舍去。

3. 统计

为了对资料进行分析和对比，必须将编校过的资料根据调查目的和重要程度进行统计分类，列成图表。如采用手工方法处理数据时，一般用划码法和分卡法等。划码法即根据原始记录，分不同项目在整理表上划数(划“正”字等)。这种方法工作量大而且易出差错，适用于内容较简单的汇总工作。分卡法是把原始记录卡按项分成若干组，然后清点张数，最后把汇总数分别填入事先设计的表格中。

4. 推断

推断是考察调查总体的内部结构和分析各有关因素关系的工作。这是整理、分析调查资料工作中的关键环节，例如，运用相关分析法，将历年的销售额按时间序列与销售费用进行对比、分析、合成，就能找出这两者的关系。常用的推断分析方法有相关分析、回归分析、判别分析、聚类分析、时间序列分析等。

5. 鉴定

从总体中抽取样本来推断总体的调查必然带有误差。除了抽样误差以外，在实际工作中，工作中的差错等也会造成偏差，这种误差称为系统误差，一般应尽量避免。为了证实所抽取的样本能否代表总体，需要采取一些方法进行鉴定。鉴定的方法有两种：一种是凭经验鉴定误差，例如，把所得的样本数据与标准数据相比较，以验证其代表性；一种是用适当的公式计算标准误差和置信水平，如果计算结果在误差范围之内，则可认为数据是可靠的。

（二）目标市场消费者需求分析

依据需求层次论，五种需求可以分为两级，其中，生理上的需求、安全上的需求和社会上的需求都属于低一级的需求，这些需求通过外部条件就可以满足；自尊的需求和自我实现的需求是高级需求，它们是通过内部因素才能满足的，而且一个人对自尊和自我实现的需求是无止境的。

同一时期，一个人可能有几种需要，但每一时期总有一种需要占支配地位，对行为起决定作用。任何一种需要都不会因为更高层次需要的发展而消失。各层次的需要相互依赖和重叠，高层次的需要发展后，低层次的需要仍然存在，只是对行为影响的程度大大降低。

一个国家多数人的需要层次结构，是同这个国家的经济发展水平、科技发展水平、文化和人民受教育的程度直接相关的。在发展中国家，生理需要和安全需要占主导的人数比例较大，而高级需要占主导的人数比例较小；在发达国家，则刚好相反。

因此需要将需求进行分类，再结合这个地区的经济情况、文化等分析出主要需求。

（三）目标市场消费者购买行为及购买动机分析

1. 消费者购买行为模式

在研究消费者购买行为模式时，必须先研究目标市场涉及的内容，从以下几个主要问题开始：

目标市场消费者购买什么？（What）	购买对象（Objects）
目标市场消费者为何购买？（Why）	购买目的（Objectives）
目标市场购买活动谁参与？（Who）	购买组织（Organizations）
目标市场消费者怎样购买？（How）	购买方式（Operations）
目标市场消费者何时购买？（When）	购买时间（Occasions）
目标市场消费者何地购买？（Where）	购买地点（Outlets）

研究消费者购买行为理论中最具代表性的是"刺激—反应"模式。就是研究市场营销刺激与消费者反映的方法。刺激经过消费者暗箱而产生一系列的可观察到的消费者反应，即产品、品牌、经销商选择及购买时间和数量。

2. 消费者购买决策过程的参与者

(1)倡议者。即首先想出或提出要购买某种产品或服务的人。

(2)影响者。即其观点和建议对最终购买决策有较大影响的人。

(3)决策者。即最终做出部分或全部购买决策的人(买什么、是否买、如何买、何处买)。

(4)购买者。即实际从事购买的人。

(5)使用者。即消费或使用所购产品或服务最多的人。

一个家庭要买电脑,首先提出建议的是儿子;行家或朋友建议买哪一种品牌和型号;丈夫和妻子共同商量做出购买决定。实际购买者可能是丈夫,而使用最多的可能是儿子。

为进一步研究家庭成员对购买决策的影响力,家庭权威中心点的理论把家庭分为四种类型:

(1)各自做主型。每个家庭成员都可以相对独立地做出有关自己的购买决策。

(2)丈夫支配型。丈夫掌握购买决策权。

(3)妻子支配型。妻子掌握购买决策权。

(4)调和型。多数购买决策由家庭成员共同协商做出。

家庭权威中心点不是固定的,它会随政治、经济、文化等情况的变化而转移。如孩子长大了,有了独立生活的能力,逐渐就会靠自己做决定。而且,特殊的社会环境会产生特殊的家庭权威中心,由于我国独生子女家庭多,有的家庭成了“子女支配型”。

弄清楚以上问题后,目标消费者想买什么,为什么买,基本就清晰了。

(四)目标市场需求分析报告的结构及格式

一般而言,目标市场需求分析报告的结构及格式不是固定不变的。目标市场需求分析报告的撰写要依据调研的目的、内容、结果以及主要用途的具体情况来决定。从实践看,各种目标市场需求分析报告在结构上一般都包括标题、目录、导言、主体、结论与建议(结尾)等几个部分。

1. 标题

目标市场需求分析报告的标题即市场调研的题目。标题必须准确揭示报告的主题思想,要简单、明了,高度概括,题文相符,如《××年××市居民食用油消费需求分析报告》等。

2. 目录

当目标市场需求分析报告撰写的内容较多时,为了便于读者阅读,往往需要将报告各个部分的内容用目录或索引的形式标记出来,从而使读者快速、准确地对报告的整体内容清晰地了解,同时也便于报告提供者进行介绍说明。

目录中一般包括各级标题及其对应的页码。

3. 导言

导言又称导语，是目标市场需求分析报告的开头部分，一般说明市场调查的目的和意义，介绍市场调查工作基本概况，包括市场调查的时间、地点、目的、内容和对象以及采用的调查方法、方式。此部分也可阐述报告的基本观点或结论，以便使读者对全文内容、意义等初步了解，增强读者阅读报告的兴趣。

导语的撰写要简明扼要，精炼概括。

4. 主体

目标市场需求分析报告的主体部分，即正文，是报告中的主要内容和核心，是表现目标市场需求分析报告主题的重要部分。这一部分的写作直接决定报告的质量高低。

主体部分要客观、全面地阐述市场调查所获得的材料、数据；对调查的问题、现象进行深入分析、评论等。总之，主体部分要善于运用材料表现调查的主题。一般包括以下内容：

（1）调研情况及数据陈述。

（2）数据分析、预测。

5. 结论及建议（结尾）

主要是对市场调研的结果作一个小结。该部分是目标市场需求分析报告写作目的和宗旨的体现，应高度概括全文内容，突出观点，列明若干主要结论及建议。用语要富于论断性和针对性，做到言简意明，客观准确，具体可行，以供决策者参考。

此外，本目标市场需求分析报告还有附录。附录的内容一般是不便在正文中撰写的，但与正文密切相关而必须附加说明的材料，包括调研问卷、统计图表、参考文献等。

【学徒任务】

××食品企业目标市场需求分析报告

一、标题

二、目录

三、导言

××食品企业目标市场需求分析报告

四、正文

①调研情况说明

②目标市场调研数据分析

③目标市场需求预测

④目标市场消费者行为分析

五、结论及建议

六、附录

【考核与评价】

一、任务考核

师傅根据学徒在撰写目标市场需求分析报告中的具体表现进行量化考核，占40%；学徒与其他的工作伙伴的协同合作，占25%；合作伙伴对学徒活动中的表现进行评价，占20%；学徒对自己的活动表现进行自评，占15%。师傅打分时要充分考虑每个学徒的综合表现以及撰写目标市场需求分析报告过程中的作用、表现和贡献。

二、效果评价

1. 自我评价

(1)通过本次学习我学到的知识点/技能点有：________________________________

____

不理解的有：____

(2)我认为在以下方面还需要深化学习并提升岗位能力：__________________________

____

(3)在本次工作任务学习过程中，我的表现可得：□ □ □

2. 综合评价

项目	评价内容：综合能力评测 (1)请在对应的条目○内打“√”“×”，不确定的条目不填，可以在小组评价时让本组同学讨论并写出结论。 (2)评价结果全对得 ，错一项得 ，错两项得				评价等级 (学生互评)		
工匠精神测评 (组内互评)	○按时到场		○书、本、笔齐全	○责任心强			
	○工作积极主动		○合理使用学习资源	○主动帮助他人			
	○接受工作分配		○有效沟通	○高效完成工作任务			
专业能力测评 (组内互评)	数据整理	○数据分类清晰	○统计完整、正确	○推断合理，有鉴定			
	需求分析	○需求分析充分	○需求归类正确	○需求主次分明			
	购买行为分析	○消费者类型分析明确	○购买行为特征分析到位	○购买参与者分析到位			
	报告	○结构完整、无误	○正文层次分明	○结论正确有据			

任务4 进行新产品设计和新产品定位

【任务内容】

进行新产品的设计及定位，确定核心产品及其描述：

(1)进行新产品特征分析，确认核心产品；

(2)实施新产品定位并完成说明；

(3)依据新产品定位进行品牌设计;

(4)依据新产品定位进行包装设计。

【任务目标与质量要求】

任务目标与产出

食品企业新产品设计策划文本内容包括:新产品特征分析,核心产品及其描述,新产品的定位描述、品牌设计和包装设计。

质量要求

食品企业新产品设计策划文本要求如下:

(1)策划文本的格式规整、结构清晰,包括标题、目录、导言、主体和结尾。

(2)策划文本中新产品特征描述清晰、核心产品明确、特点鲜明。

(3)策划文本中新产品定位明确,定位阐述完整。

(4)品牌设计与新产品定位匹配,有标识,有文字,有说明,寓意相符。

(5)新产品包装设计符合产品特性,安全;包装美观,与定位匹配;包装标签文字描述正确。

【业务经验】

一、新产品开发

(1)产品机会决策确定。将企业各部门对新产品的市场表现及盈利能力测算,提交企业经营决策机构(大企业称为经营决策委员会,小企业若组织架构不健全则寻找类似部门),做出对应营销策略,如开发新产品,将会同运营部、营销部、研发部等部门快速开展新产品的市场调研,进行产品设计。

(2)明确新产品行业领域。

①选择与企业现有产品类似的产品领域进行创新或者升级迭代;

②选择进入一个全新的领域进行产品研发。

(3)成立专项研发团队,明确新产品开发时间,明确各职能部门的职责权利,分工明确;以表格形式明确时间进度表,可细化到每日、每周、每月;遇到瓶颈或问题及时召开专项会议进行协调解决。

二、新产品定位

1. 新产品定位的影响因素

(1)竞争对象。考虑即将推出的新产品主要的竞争对象,确定好一个竞争对象,随后对标竞争对手的产品。当自身比较弱小时,讲究灵活机动;当自身比较强大时,充分发挥自身优势赢得市场竞争。既考虑当下的竞争对手,又要研判未来可能具有潜在威胁的竞争对手。

(2)消费者。考虑定位生产服务于哪一部分消费者，分析市场上的消费者和竞争对手的消费者。对目标消费者进行清晰的画像，寻找消费者需求的特定价值，是不是只有本企业做得最好或做得最优。

2. 新产品定位的维度

定位是一套体系，可以从以下维度来进行定位。

(1)战略定位。考虑清楚当下与未来的关系，结合战略，制订策略，提前布局，设定目标，拆分目标，寻找方法，工具应用，实现共赢。

(2)竞争定位。明确我们的主要竞争对手，集中优势力量赢得竞争，兼顾行业和个体的关系，找准自身位置，选择与谁竞争更有意义，从而找准未来的方向。

(3)策略定位。如何合理运用环境，操作战略战术，选择正面竞争、错位竞争、补位竞争等。

(4)企业定位。给企业自身贴标签，力量聚焦。

(5)品牌定位。贴标签，主打品牌，形成差异化。

(6)消费者定位。满足主要消费者的需求。

3. 新产品定位的方法

新产品定位，有以下方法可供选择。

(1)切割法。形成错位竞争，不正面冲突，对于竞争过于激烈的行业无效。可以寻找的切割点：原料不同、技术不同、功能不同、消费者不同、场景不同、品类不同。切割法定位是“切”出来的，适用于新进入行业初期。

(2)抢位法。形成正面竞争，鸠占鹊巢，比原有的市场占有者在各个层面做到更好。原料质量好，成分好；技术升级，达到了更高版本；功能更强大；场景应用更广泛，多应用于行业中期阶段。

(3)迭代法。不在一个片区竞争，而是对一个品类的全面覆盖和重建，整体性颠覆就是迭代！新兴原料、技术取缔、功能迭代、标准取代、行业最先进版本，以及新的精神共鸣，更加适用于行业转折阶段。

三、品牌设计要求

1. 简洁醒目，易读易懂

使人在短时间内产生印象，易于理解、记忆并产生联想。

“美加净”“佳洁士”，其品牌易记、易理解，被誉为品牌的文字佳作。“M”这个很普通的字母，对其施以不同的艺术加工，就形成表示不同产品的标记或标志：棱角圆润、颜色鲜艳的金黄色拱门“M”是麦当劳的标志，给人以亲切之感，已出现在全世界100多个国家和地区，成为人们喜爱的快餐标志；棱角分明、双峰突起的“M”是摩托罗拉产品的标志，突出了自己在无线电领域的特殊地位和高科技的形象。

2. 构思巧妙，暗示属性

品牌应是企业形象的典型概括，反映企业个性和风格，使消费者产生信任。

Karl Benz（卡尔·本茨）为汽车发明人，以其名字命名的奔驰车，100多年来赢得了消费者的信任，其品牌一直深入人心。那个构思巧妙、简洁明快、特点突出的圆形汽车方向盘似的特殊标志，已经成了优质汽车的象征。

3. 富蕴内涵，情意浓重

品牌可引起消费者强烈的兴趣，诱发美好的联想，产生购买动机。

“红豆”是一种植物，是人们常用的镶嵌饰物，是美好情感的象征。提起它，人们就会想起王维的千古绝句，以致牵动人的思乡及相思之情。红豆服装正是借助“红豆”这一富蕴中国传统文化内涵、情意浓重的品牌“红”起来的。

4. 避免雷同，超越时空

（1）品牌设计的雷同，是实施品牌运营的大忌。品牌运营的最终目标是通过不断提高品牌竞争力，超越竞争对手。如果品牌的设计与竞争对手雷同将永远居于人后，达不到最终超越的目的。还有品名极其相似的品牌，也是大忌。

（2）超越空间的限制，是指品牌要超越地理文化边界的限制。由于世界各国的历史文化传统、语言文字、风俗习惯、价值观念和审美情趣不同，对一个品牌的认知、联想必然会有很大差异。

美国通用汽车企业的一个品牌叫Nova（诺瓦），而Nova在西班牙语中含有“不走”或“走不动”的意思，因此该品牌汽车在西班牙语系的国家销售受阻，后改为拉美人比较喜欢的Garibe（加勒比），最后很快打开市场。

四、包装设计策略

1. 类似包装策略

类似包装策略指企业生产的各种产品，在包装上采用相同的图案、相近的颜色，体现出共同的特点，也叫产品线包装。

2. 等级包装策略

等级包装策略指不同质量等级的产品分别使用不同包装，表里一致：优质产品使用优质包装，普通产品使用一般包装；同一产品采用不同等级包装，以适应不同购买力水平或不同消费者的购买心理。

3. 异类包装策略

异类包装策略指企业各种产品都有自己独特的包装，设计上采用不同风格、不同色调、不同材料，不致因某一种产品营销失败而影响其他产品的市场声誉。增加了包装设计费用，新产品进入市场时需更多的销售推广费用。

4. 配套包装策略

配套包装策略指企业将几种相关的产品组合配套包装在同一包装物内。方便消费者购买、携带与使用;利于带动多种产品销售及新产品进入市场。

5. 再使用包装策略

再使用包装策略指包装物内产品用完之后,包装物本身还可用作其他用途。通过给消费者额外的利益而扩大销售,同时包装物再使用可起到延伸宣传的作用,但这种刺激只能收到短期效果。

6. 附赠品包装策略

附赠品包装策略指在包装物内附有赠品以诱发消费者重复购买,是一种有效的营业推广方式。

7. 更新包装策略

更新包装策略指企业的包装策略随市场需求的变化而改变的做法。可以改变产品在消费者心目中的地位,进而收到迅速恢复企业声誉之佳效。

【工作程序与方法引导】

一、工作程序

二、方法引导

新产品开发设计

(一)寻求创意

所谓创意,就是指开发新产品的设想。主要来源于:

(1)聚会激励创新法。激发企业内部人员的热情寻求创意;组织专门研究和技术攻关。

(2)征集意见法。向外界征集创意,如消费者、专家、市场研究企业、大学、广告代理商等。

(3)产品属性排列法。列出现有产品属性,然后寻求改进每一种属性的方法改良产品。

(4)强行关系法。先列举若干不同的产品,然后把某一产品与另一产品或几种产品强行结合起来,产生一种新的构想。

(5)多角分析法。分析其他企业的先进产品。

(二)甄别创意

取得足够创意之后,要对这些创意加以评估,研究其可行性,并挑选出可行性较高的创意,使企业有限的资源集中于成功机会较大的创意上。主要考虑两个因素:

(1)该创意是否与企业的战略目标相适应,如利润目标、销售目标、销售增长目标、形象目标等。

(2)企业有无足够的能力开发这种创意,如资金能力、技术能力、人力资源、销售能力等。

(三)形成产品概念

经过甄别后保留下来的创意还要进一步发展成为产品概念。在这里,首先应当明确产品创意、产品概念和产品形象之间的区别。

(1)产品创意。企业从自己角度考虑的能够向市场提供的可能产品的构想。

(2)产品概念。企业从消费者角度对这种创意所作的详尽的描述。

(3)产品形象。消费者对某种现实产品或潜在产品所形成的特定印象。

(4)产品概念试验。用文字、图画描述或用实物将产品概念展示于目标消费者面前,观察其反应。

作为企业,必须根据消费者的要求把产品创意发展为产品概念,并确定最佳产品概念,在进行产品和品牌的市场定位后,再对产品概念进行试验。

设计新产品市场定位图

新产品市场定位图是以矩阵表为基础设计的,图中用圆圈表示竞争对手的产品定位位置与企业自己产品的定位方案,圆圈的大小表示一家企业及其占有的市场份额的大小。新产品市场定位图设计分为以下几步。

(一)分析影响市场定位的因素

(1)竞争对手的市场定位状况。要了解竞争者的产品市场定位、产品的特色以及在消费者心中的形象,衡量竞争者在市场中的竞争优势。

(2)目标消费者对产品的评价标准。要了解消费者对所要购买的产品的最大愿望和偏好,以及他们对产品的优、劣的评价标准。不同产品的评价标准是不同的,一般来说,消费者主要关心的是产品的功能、质量、价格、款式、服务等。

(3)企业的潜在竞争优势。一般来说,竞争优势有两种形式,一是在同样的条件下比竞争者价格更低,从而在价格上具有竞争优势;二是可以提供更多的产品,具有更多的特色,可以更好地满足消费者的需求,从而在产品特色上具有竞争优势。

(二)确定新产品定位的依据

在对消费者调查的基础上,确定新产品定位的依据,一般来说,影响新产品定位的因素主要有产品的功能、质量、价格、款式、服务等。根据消费者在产品评价标准中最关注的因素以及这些定位因素的不同组合，可以绘制不同的定位图。为分析方便，采用价格和功能两个变量绘制定位图。

（三）明确目标市场竞争状况

在对竞争者调查、分析的基础上，把现有的竞争者的定位情况在定位图上标出来，如图 3-3 所示，图中三个圆圈分别表示三家竞争对手。A 企业生产的是价格中等，功能单一的产品，市场规模最大；B 企业生产的是价格高，功能多的产品，市场规模一般；C 企业生产的是价格低，功能少的产品，市场规模最小。

（四）确定企业新产品的市场定位

企业根据市场、竞争状况，准确判断企业的竞争优势所在。选择合适的定位战略进行正确的目标市场定位，如图 3-4 所示，有三种目标市场定位方案。

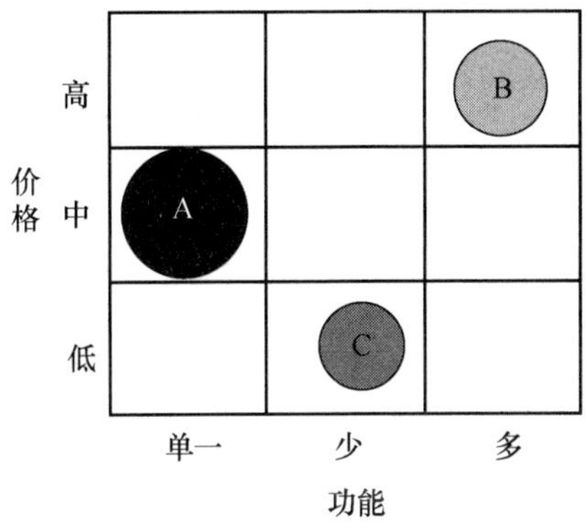

图 3-3　目标市场竞争状况

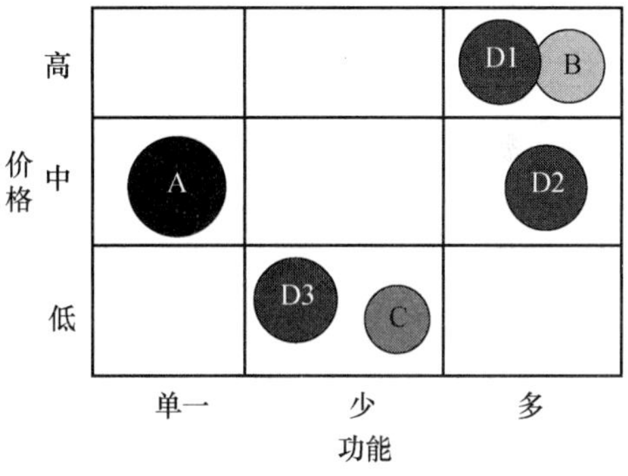

图 3-4　目标市场定位

1. 运用对抗定位策略

如 D1，对抗定位的目的在于企业准备同竞争者争夺同一细分市场。如果市场上对优质、高价的产品需求量大，且本企业比 B 企业实力更强，可以运用对抗定位策略。定位的时候应注意以下情况：

(1)实力比竞争者雄厚。企业在产品开发、科研、销售、筹资、广告宣传、形象方面的综合能力比竞争企业强。

(2)企业选择的目标市场区域已经被竞争者所占领，而且不存在与之并存的可能企业有把握赢得市场。

2. 运用填补定位策略

如 D2，填补定位，可避开竞争，迅速在目标市场上站稳脚跟，并能在消费者心中迅速树立一种形象。这种定位方式风险小、成功率高，常常为多数企业所采用。采用填补定位时应注意：

(1)研究目标市场的空白处是因为没有潜在需求，还是竞争对手无暇顾及。

(2)如果确定存在潜在需求，就要考虑这一市场是否有足够的需求，规模能否使企业有利可图。

(3)要客观地考虑企业的营销管理能力是否能够胜任目标市场部分的开发，自身是否有足够的技术能力去提供足够的新产品。

3. 运用并列定位策略

如D3，并列定位有一定的风险性，但不少企业认为这是一种更能激励自己奋发向上的可行的定位尝试。一旦定位成功就会取得巨大的市场优势，因为这个市场部分肯定是最有利可图的部分。在这个市场上，竞争对手的力量有限，对小企业非常有利。定位的时候应当注意：必须知己知彼，尤其应正确地估计自己的实力，不一定要超过对方，只要能与竞争对手和平相处就是巨大的成功。

新产品品牌设计

品牌命名主要方法如下。

(1)效用命名。以产品的主要性能和效用命名，使消费者迅速理解商品功效，便于联想和记忆(感冒清、胃必治、太太口服液等)。

(2)产地命名。用商品的产地命名，可反映商品传统特色和优越性能(茅台、鄂尔多斯等)。

(3)人物命名。以历史人物、传奇人物、制造者以及对产品有特殊偏好的名人姓名命名，衬托和说明产品品质，提高产品身价(麦当劳、李宁、奔驰、吉列等)。

(4)制法命名。多用于具有独特制造工艺或有纪念意义的研制过程的商品，表示制作精良，以提高产品威望(北京烤鸭、北京二锅头、傣家干烧牛肉等)。

(5)寓意命名。以吉利的词句、良好的祝愿命名，既暗示商品优良的性能，又迎合消费者美好的愿望(登喜路、草原兴发、红双喜等)。

(6)译名命名。国外进口商品的商标译名，以及模仿国外商标译名而制作的中文品牌。有音译、意译和音意兼顾三种。

音译：纯粹音译的品牌(SONY——索尼、OLYMPUS——奥林巴斯、Lux——力士等)。

意译：意译的外国商标(Crown——皇冠、Gold Queen——金皇后等)。

音意兼顾：在品牌译名中最为常见(PEPSICO——百事可乐、Montagut——梦特娇等)。

(7)夸张命名。用艺术夸张的词句命名，以显示商品的独特功效(永久、飞鸽等)。

(8)企业命名。可直接说明商品的来源，有利于借助企业声誉推出新产品(伊利、蒙牛等)。

(9)形象命名。用动物形象或抽象图案为商品命名，以增强感染力(雪花、天鹅等)。

(10)数字命名。用阿拉伯数字命名，有两种情况：

①数字本身无任何含义(三五香烟555、三九感冒灵颗粒999等)。

②数字的谐音暗含一定的意义(GOLDLION3388、8848 手机、520 珠宝等)。

新产品包装设计

(一)包装设计的要求

在市场营销中,为适应竞争的需要,设计包装时要考虑不同对象的要求。

1. 消费者的要求

由于社会文化环境不同,不同国家和地区的消费者对产品的包装要求不同。因此,包装的颜色、图案、形状、大小、语言等要考虑不同国家、地区、民族等的消费者的习惯和要求。

2. 运输商的要求

运输商考虑的主要因素是商品能否以最少的成本安全到达目的地,所以要求包装必须便于装卸、结实、安全,不至于在到达目的地前就损坏。

3. 分销商的要求

分销商不仅要求外包装便于装卸、结实、防盗,而且内包装的设计要合理、美观,能有效利用货架,容易拿放,同时能吸引消费者。

4. 政府要求

随着人们绿色环保意识的加强,要求企业包装材料的选择要符合政府的环保标准,节约资源,减少污染,禁止使用有害包装材料,实施绿色包装战略。同时要求标签符合政府的有关法律和包装的设计原则。

(二)包装的设计原则

(1)安全。

(2)适于运输,便于保管与陈列,便于携带和使用。

(3)美观大方,突出特色。

(4)与商品价值和质量水平相匹配。

(5)尊重消费者的宗教信仰和风俗习惯。

(6)符合法律规定,兼顾社会利益。

【学徒任务】

××食品企业新产品设计策划

一、新产品特征分析

二、核心产品及其描述

三、新产品定位图及特征描述

四、新产品品牌标识设计及设计理念

五、新产品包装设计图及设计说明

【考核与评价】

一、任务考核

师傅根据学徒在新产品设计及新产品定位中的具体表现进行量化考核，占40%；学徒与其他的工作伙伴的协同合作，占25%；合作伙伴对学徒活动中的表现进行评价，占20%；学徒对自己的活动表现进行自评，占15%。师傅打分时要充分考虑每个学徒的综合表现以及在新产品设计、新产品定位过程中的作用、表现和贡献。

二、效果评价

1. 自我评价

(1)通过本次学习我学到的知识点/技能点有：________________________________

____

不理解的有：____

(2)我认为在以下方面还需要深化学习并提升岗位能力：________________

____

(3)在本次工作任务学习过程中，我的表现可得：□ □ □

2. 综合评价

项目	评价内容：综合能力评测 (1)请在对应的条目○内打"√""×"，不确定的条目不填，可以在小组评价时让本组同学讨论并写出结论。 (2)评价结果全对得 ，错一项得 ，错两项得				评价等级（学生互评）		
工匠精神测评（组内互评）	工作纪律	○按时到场	○书、本、笔齐全	○接受工作分配			
	工作态度	○责任心强	○工作积极主动	○合理使用学习资源			
	工作效能	○有效沟通	○主动帮助他人	○高效完成工作任务			
专业能力测评（组内互评）	策划文本	○结构完整	○层次分明	○设计、定位论述完整			
	新产品创意	○创意与需求匹配	○创意流程清晰	○核心产品明确			
	新产品定位	○对手定位分析到位	○定位策略清晰	○定位图无误			
	新产品品牌	○品牌要素齐全	○品牌与定位匹配	○品牌寓意清晰			
	新产品包装	○实用、安全	○与定位匹配、美观	○标签要素齐全			

项目四
食品企业产品营销策划

【项目描述】

营销策划方案通过价格、策略、渠道、宣传向消费者展示了产品的特色与核心，也阐释了产品定位，企业营销策划方案制订得是否合理，直接关系到销售业绩的高低，因此在营销中具有极其重要的战略意义，并且也是后期营销活动实施的依据与指导。本项目共包括四个工作任务，即进行新产品价格策划、进行新产品渠道策划、进行新产品促销策划、编制产品营销策划方案。

【专业知识准备】

一、产品价格策划的影响因素

（一）定价目标

定价目标指企业通过制定特定水平的价格，凭借价格产生的效用达到预期目的，包括以下几个方面。

1. 维持生存

如果企业产量过剩或面临激烈的竞争，或试图改变消费者需求，则需要把维持生存作为主要目标。只要价格能够弥补可变成本和一些固定成本，企业的生存便可得以维持。

2. 当期利润最大化

这一目标的侧重点是短期内获得最大利润和投资回报率。前提是：企业的生产技术和产品质量在市场上居领先地位；同行业中竞争对手的力量较弱；产品供不应求。

3. 市场占有率最大化

这一目标的着眼点在于追求长期利润，取得控制市场的地位。

市场占有率指企业产品销售量在同类产品市场销售总量中所占的比重，是企业经营状况和产品竞争力状况的综合反映，关系到企业的兴衰。

紧随着高市场占有率的往往是高盈利率，提高企业市场占有率比短期高盈利率意义更为深远。以低价打入市场，逐步占领市场，易于形成企业长期控制市场和价格的垄断能力。

4. 产品质量最优化

以产品质量领先，优质优价，辅以优质服务。

（二）市场需求

市场需求状况与价格密切相关。

1. 需求价格弹性（*Ed*）

指因价格变动而引起的需求相应的变动率，反映需求变动对价格变动的敏感程度，用 Ed 表示。

$$Ed=\frac{\text{需求量变动百分比}}{\text{价格变动百分比}}$$

定价时考虑需求价格弹性的意义在于不同产品具有不同的需求价格弹性，从其弹性的强弱角度决定企业的价格决策。主要分为三种类型：

(1)$Ed=1$　反映需求量与价格等比例变化。这类产品，价格的上升(下降)会引起需求量等比例的减少(增加)。因此，价格变化对销售收入影响不大。定价时，可选择通行的市场价格，并将市场营销措施作为提高盈利的主要手段。

(2)$Ed>1$　反映需求量的相应变化大于价格自身的变化。这类产品，价格的上升(下降)会引起需求量较大幅度的减少(增加)，称为需求弹性大或富于弹性的需求。定价时，应通过降低价格、薄利多销达到增加盈利的目的，否则会影响企业收入。

(3)$0<Ed<1$　反映需求量的相应变化小于价格自身的变化。这类产品，价格的上升(下降)会引起需求量较小幅度的减少(增加)，称为需求弹性小或缺乏弹性的需求。定价时，较高水平的价格往往会增加盈利，低价对需求量刺激不够，反而会降低收入水平。

2. 需求收入弹性（*EY*）

指因收入变动而引起的需求量的相应变动率，反映需求量变动对收入变动的敏感程度，用 EY 表示。需求量与收入一般成正比关系。

$$EY=\frac{\text{需求量变动百分比}}{\text{收入变动百分比}}$$

定价时，考虑收入弹性有重要意义。几年前，高档相机在我国刚刚上市，当时居民收入水平普遍偏低，相机销售不畅。后经价格下调，需求量陡然上升。而目前，居民购买力水平增长较快，尽管高档相机价格不断上调，畅销势头不减，需求依然旺盛。从这一实例可清楚认识到定价与收入弹性的相互关系，企业可以此做到厚利与多销双收。

3. 需求交叉弹性(*EBPA*)

指因一种产品价格变动而引起的其他相关产品需求量的相应变动率，用 $EBPA$ 表示。也就是说，A 产品价格变动使 B 产品需求量相应变动的比率。多见于替代产品或互补产品的价格与需求变化。

$$EBPA=\frac{\text{B 产品需求量变动百分比}}{\text{A 产品价格变动百分比}}$$

(1)替代产品同向变化：鸡肉价格上升(A)，牛肉需求量增加(B)。交叉弹性为正值。

(2)互补产品反方向变化：自动咖啡机价格下降(A)，咖啡豆量需求增加(B)。交叉弹性为负值。

(三)成本费用

1. 固定成本费用

指在既定生产经营规模范围内，不随产品种类及数量的变化而变化的成本费用。包括：产品设计、市场调研、管理人员工资等项支出。

2. 变动成本费用

指随产品种类及数量的变化而相应变动的成本费用。包括：原材料、原料、运输、储存支出及生产工人工资、部分市场营销费用。

3. 总成本费用

指全部固定与变动成本费用之和。定价时要使总成本费用得到补偿，这就要求价格不能低于平均成本费用。

4. 平均成本费用

指单位产品的平均成本费用。价格不能低于平均成本费用，这仅是获利的前提条件。平均成本费用＝总成本费用/总产量。

(四)竞争因素

在市场需求可能为产品价格规定一个最高限额和成本为产品价格规定了一个最低限额的同时，竞争者的价格和可能的价格反应会反过来帮助企业制定自己的价格。企业必须了解每一个竞争者提供的价格和产品质量。一旦企业知道了竞争者的价格和所提供的产品，就能利用它们作为制定自己价格的一个起点。如果企业提供的产品与一个主要竞争者提供的产品相似，那么企业必须把价格定得接近于竞争者，否则就会失去销售额。若企业提供的产品等级低于竞争者，企业就不能像竞争者那样定价。倘若企业提供的产品等级高于竞争者，企业定价就可以比竞争者高。

二、产品渠道策划的影响因素

(一)产品因素

(1)体积和重量。体积大而笨重的产品选择短渠道,以节省运输、保管方面的人力、物力。

(2)性质和品种规格。日用消费品,需要分散,经中间商分配;特殊品,销售频率不如日用品,交给少数中间商销售;品种规格少而产量大的产品,交给中间商销售;品种规格复杂的产品,生产者直接供应给消费者。

(3)式样。时尚程度高的产品(时装、玩具)尽可能缩短渠道。

(4)易毁性和易腐性。有效期短或易腐、易碎产品,应采取短渠道。

(5)技术性与售后服务。技术性强或需售后服务的产品应由生产者直接供应给消费者或由极少数零售商供应。

(6)单位价值。越低,销售渠道越长,如大众化日用消费品;越高,销售渠道越短,如价格昂贵的耐用品。

(7)定制品与标准品。定制品,有特殊规格和式样要求,生产者直接供应给消费者;标准品,有统一质量、规格和式样,需要中间商。

(8)新产品。应采取强有力的推销手段:

①利用原有的渠道;

②自己组织推销队伍直接向消费者销售;

③委托代理商代销。

(二)市场因素

(1)市场范围。市场范围大的产品,需用中间商,即长渠道(日用百货);市场范围小的产品,生产者直接供应给消费者(工业专用设备)。

(2)地理位置。市场较集中的产品宜采取直接渠道(生产资料),一般地区可采用传统渠道。

(三)竞争因素

一般来说,采取与竞争者同样的渠道较容易占领市场,例如,食品生产者就希望其品牌和竞争品牌摆在一起销售(超市的奶粉),如有特殊优势可另辟渠道。

(四)企业因素

(1)企业声誉。企业声誉越大,越可自由选择渠道或成立自己的销售网点;企业声誉越小,就越依赖中间商。

(2)企业规模。规模大、资金雄厚,可自己雇佣销售专员并设有仓库;规模小、资金不足,只能依赖中间商。

(3)管理能力与经营。缺乏市场营销方面的经验与能力,只好依赖中间商。

(4)提供的服务越多,越能引起中间商兴趣,否则中间商不乐于为其代销产品。

(五)消费者因素

(1)产品的消费者分布广泛,要求就近购买和随时挑选则用长渠道。

(2)高技术产品消费者则用短渠道。

(六)环境因素

(1)经济形势。经济形势好,分销渠道的选择余地较大;经济萧条,市场需求下降,必须减少流通环节,使用较短渠道。

(2)有关法规。国家政策、法律,如专卖制度、反垄断法规、进出口规定、税法等,也会影响分销渠道的选择。如一些国家实施医药、烟酒的专卖制度,对这些产品的分销渠道,就必须依法选择,其分销的自由度大大下降。

三、产品促销策划的影响因素

促销即促进产品销售,是企业通过人员和非人员的方式,沟通企业与消费者之间的信息,引发、刺激消费者的消费欲望和兴趣,促使其产生购买行为的活动。

促销工作的核心是沟通信息;促销的目的是引发、刺激消费者产生购买行为;促销的方式有人员促销和非人员促销两类。

(一)促销组合及促销策略

1. 促销组合

(1)概念。企业根据产品的特点和营销目标,综合各种影响因素,对各种促销方式的选择、编配和运用称为促销组合。

(2)促销的手段。广告、人员推销、公共关系、销售促进。

2. 促销策略

(1)推式策略。侧重运用人员推销的方式,把产品推向市场,即从生产企业推向中间商,再由中间商推给消费者。推式策略一般适合于单位价值较高的产品,性能复杂、需要做示范的产品,根据消费者需求特点设计的产品,流通环节较少、流通渠道较短的产品,市场比较集中的产品等。

(2)拉式策略。企业运用非人员推销方式把顾客拉过来,使其对本企业的产品产生需求,以扩大销售。对单位价值较低,市场比较分散的日常用品,流通环节较多、流通渠道较长的产品,市场范围较广、市场需求较大的产品,常采用拉式策略。

（二）产品促销的影响因素

1. 促销目标

企业在不同时期及不同的市场环境下执行的特定促销活动，都有其特定促销目标。促销目标不同，促销组合也就有差异，例如：

(1)在一定时期内，某企业的营销目标是在某一市场迅速增加销售量，扩大企业的市场份额。我们分析一下：这个企业的促销目标强调的是近期效益，属于短期目标。促销组合则应选择和配置更多的广告＋营业推广。

(2)另一个企业的营销目标是在该市场树立企业形象，为其产品今后占领市场、赢得有利的竞争地位奠定基础。

这个企业需要制订一个较长远的促销组合方案，建立广泛的公共关系也非常重要，与之配合的应是广告宣传。

2. 产品因素

(1)产品性质。不同性质的产品，消费者和购买目的就不同，因此，对不同性质的产品必须采用不同的促销组合和促销策略。一般来说，在消费者市场，因市场范围广而更多地采用拉式策略，尤其以广告和营业推广形式促销为主；在生产者市场，因消费者购买批量较大，市场相对集中，则以人员推销为主要形式。

(2)产品生命周期。同一种产品处于不同生命周期，则应采取不同的促销组合策略。

投入期——多采用广告，目的是引起人们的注意和增进对产品品牌、特性、功能、服务的了解。

成长期——着重宣传企业产品的特色，树立名牌，形成偏爱，广告仍是主要方式，辅以人员推销。

成熟期——产品已全面打入市场，竞争激烈。采用广告＋营业推广的方式。

衰退期——替代新产品已上市，消费者兴趣开始转移。促销目的是提醒顾客，使其产生信任。促销以营业推广为主，辅以提示性广告和公共关系。

3. 市场条件

市场范围、类型、规模不同，促销组合策略则有差异。

(1)目标市场范围。如地域范围大(全国或国际)，以广告促销为主；如小规模本地市场，以人员推销为主。

(2)目标市场类型。消费者市场以广告为主；生产者市场以人员推销为主。

4. 促销预算

在满足促销目标的前提下，要做到效果好而费用低。企业确定的促销预算额应该是企业有能力负担的，并且是能够适应竞争需要的。

四、设计营销策划方案的基本原则

营销方案(Marketing Program)是一个以销售为目的的计划，指在市场销售和服务之前，为了完成预期的销售目标而进行的各种销售促进活动的整体性策划。营销策划方案的设计是整个营销策划过程的开始，十分重要。在营销策划方案设计中，需要把已经确定的市场营销策划问题转化为具体的策划内容，并通过具体的营销活动和方式表现出来。

（一）科学性原则

设计营销策划方案必须遵循科学性原则，这是毋庸置疑的。如果希望用营销策划数据资料对整体营销策划方案的参数进行设计，就要采用市场营销相关学科的理论进行设计，并有具体的实施措施，否则，设计就是不科学、不完善的。营销策划效果的确定必须有理论依据，根据具体的策划方式及控制要求，采用规定的计算方式进行。此外，在因果关系的研究中，如果采用试验法，就必须有针对因素控制的具体实施措施，选择合理的、符合理论框架的控制因素，这样才能说明营销策划结果的有效性。

（二）可行性原则

可行性原则要求策划要时时刻刻遵循科学性和可行性，避免出现差错。营销策划方案在技术、资源、方法等方面是否具有可操作性？是否完成切实可行的目标？这些都要求设计营销策划方案必须依据实际情况，不仅要科学，还要可行。只有操作性强的营销策划方案才能真正成为营销策划工作的行动纲领。

营销策划一方面要提出开拓市场的思路，另一方面还要在创新思维的基础上制订出与之匹配的行动方案，给出如何创造新市场和开拓新市场的方法；提出改善市场的整体性、系统性的措施。策划方案在特定资源条件下必须具有高度可行性，为了保证营销策划的可行性，需要企业组织出过硬的营销策划团队，设计出既务实又有很强操作性的营销策划方案。

在营销策划过程中，需依据企业实力和现实情况，将未来目标与现实状况结合起来。例如，太子奶在奶业成功的基础上，不关注现实情况，将企业多元化，进军童装、商业、化妆品、传媒等，使得未来目标与现实脱节，分散了资源和精力，导致资金链断裂。由此可见，营销策划的指导性和其可操作性非常重要，不能操作的方案创意再好也无任何价值。不易于操作也必然要耗费大量人、财、物，管理复杂、显效低。

（三）有效性原则

有效性是指在一定的经费约束下，营销策划结果的精度可以满足研究目的的需要。在费用相同条件下精度高，或在精度相同条件下费用少的营销策划方案是最好的设计。当然，实际中的问题要复杂一些，有效性是衡量依据。所以在方案设计中追求科学、可行的同时，还要考虑到营销策划的效率。

（四）简洁朴实原则

营销策划要注意突出重点，在方案设计、活动选择上简明扼要，不需要有多余的内容，内容真实可信，不夸大，要抓住企业营销中所要解决的核心问题，深入分析，提出可行性的相应对策，针对性强，具有实际操作指导意义。

（五）创意新颖原则

要求策划的“点子”（创意）新、内容新，表现手法也要新。新颖的创意是营销策划的核心内容。创意新颖就是在有意义的时空范围内，以非传统、非常规的方式先行性地、有成效地提出解决企业问题的创意过程，包括以下含义：

(1)创意新颖的目的是解决企业的实践问题，是一项激发新创意的活动。

(2)创意新颖的本质是突破传统、突破常规。

(3)创意新颖是一个相对的概念，其价值与时间、空间有关。同样的创意在今天看来是新颖的，明天可能是追随，后天大多数人都接受了，可能就是传统了。创意新颖必须在一定范围内具有领先性，有的是在世界领先，有的是在地区领先。

(4)创意新颖以取得的成效为评价尺度。有成效才能认为是创意新颖。根据成效，创意新颖可以分成若干等级。有的是划时代的，如“二锅头”等，有的不过是时尚的创意，比如“江小白”。

【经典案例】

案例 1

1998 年，农夫山泉以“有点甜”为卖点，以差异化营销策略成功推出 550 毫升运动装农夫山泉，并通过差异化的包装及品牌运作，迅速奠定了农夫山泉在饮用水市场优质的形象。“价格差异化”也使众多消费者对其品质深信不疑。

在此基础上，农夫山泉推出“支持北京申奥”活动：“从现在起，买一瓶农夫山泉，你就为申奥捐出一分钱。”并借此引起了广大消费者的关注，促进了销售量的继续提升。

案例 2

2003 年 4 月，山东省的百年老厂宏济堂的一则“神方牌小儿消食片”广告突然出现在中央电视台 CCTV—6 等媒体中，具体情节是：在一个电视广告拍摄现场中，男主角从产品包装瓶中探出头来说，“孩子不吃饭，请用消食片”，此时突然传来导演的“cut(停)，是小儿消食片”，于是男主角再说一遍“孩子不吃饭，请用小儿消食片”，接下来画外音说：“神方牌小儿消食片，酸酸甜甜，科技百年，济南宏济堂制药。”

案例 3

在某个超市里，消费者享受到了“购物从此不排队”的全新体验。

当消费者完成购物后，只需要将商品带到实体自助收银机旁扫码，自主操作收银机，在购物车完成添加后，打开多点 App 扫一扫功能，扫描屏幕上的付款码并支付，即可完成购买，用时仅需几分钟。

与此同时，在超市里，一套“全员创客，一码到底”的系统，也正在改变着传统超市的营销模式。这套模式将集团作为全员推广售卡平台，将单个员工作为最小单位的推广渠道，将线下、线上全渠道作为来源，实现流程可追溯、效果可量化、业绩可视化的营销场景，让每个门店的所有业绩都透明化。

这样的方式还能推动员工去引导消费者使用线上充值渠道，从而使线上购物及线下买单渠道相通，对实现全渠道会员黏性转化有很大帮助。

案例分析认知：

一、以上案例分别采用了哪种营销策划手段？案例1：________________

案例2：________________案例3：________________

二、你认为哪个策划做得更好？并说明原因：________________

____

三、谈谈你的感想：________________

____

任务1 进行新产品价格策划

【任务内容】

根据产品定位给新产品制订价格策划方案：

(1)根据产品的定位、包装综合考虑影响新产品定价的因素，制定新产品的初步价格；

(2)运用产品的定价策略和定价技巧，根据市场变化和产品品质等级制订一套价格方案。

【任务目标与质量要求】

任务目标与产出

编写出条理清晰，方法明确，切实可行且与产品定位、包装相互匹配的价格策划方案。

质量要求

新产品价格策划方案需满足以下要求：

(1)价格策划方案需要包括影响新产品定价因素分析、新产品定价方法选择、新产品定价策略的选择及新产品价格方案。

(2)影响定价的因素分析包括定价目标分析、市场需求弹性分析、成本分析以及竞争状况分析。

(3)定价方法包括新产品选择的定价方法及新产品价格初步制定情况。

(4)定价的策略包括根据产品定位选择哪种定价策略，采用了哪种定价技巧，最终价格发生了什么变化。

(5)新产品的价格方案包含新产品价格、不同地区的新产品价格策略、不同等级的新产品价格以及应对市场的特殊情况和营销活动的提价和降价方案。

【业务经验】

一、如何做新产品价格策划

顾名思义,产品价格策划,就是对即将上市的产品要定什么样的价格进行策划和确定,可能是一个具体的价格,也可能是一个价格段。如图 3-5 所示。

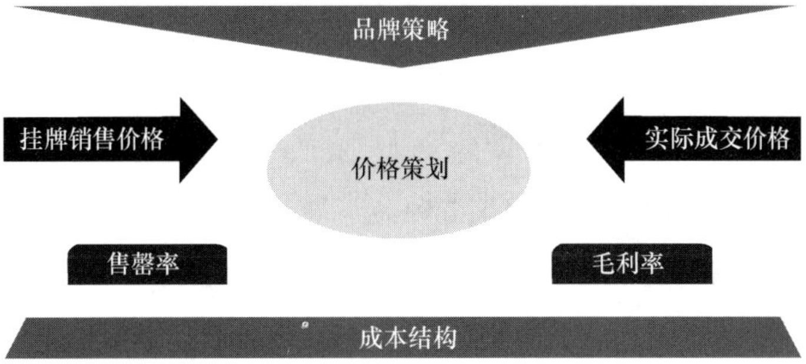

图 3-5 价格策划

1. 成本结构是基石

以成本结构来确定产品价格,是价格策划的基础,因为企业不能亏本卖货。既可以总成本加乘一定的倍率系数去制定,也可以采用成本结构的关键项目,将每个项目赋予不同的倍率系数去制定。成本结构是硬性的,是购买产品原材料的费用,无论如何我们在定价时一定会去参考成本,它是我们制定价格的基础。而倍率系数与品牌策略、产品策略有关,是人为设定的。

2. 品牌策略是核心指导

价格是消费者直接接触的数字,是消费者要支付给品牌的溢价,它在很大程度上代表了品牌的价值,直接决定了渠道和促销两个方面。

品牌策略在很多时候也不是一成不变的,有时候品牌需要从低往高爬,有时候品牌会从高往低落,这个时候,往往是产品的价格给消费者以最显著的感受,也是品牌爬升、降位最直接的体现。

3. 价格的具体确定要参考多项数据

在常年有促销活动的消费品品牌,消费者往往是有了促销活动才购买产品,没有促销活动就不购买产品。新上市的产品,也往往会给到会员一定的折扣。在这种情况下,我们可以通过挂牌销售价和实际成交价增幅的比较,来确定一个品类的价格该如何去设定。很简单,当挂牌销售价上涨超过 10%,而实际成交价涨幅只有 5%的时候,说明产品价格上涨乏力，后续价格设定应当谨慎；反之，当挂牌销售价涨幅仅为5%，而实际成交价涨幅达到10%，说明价格可以相对设定高一些。如图3-6所示案例：

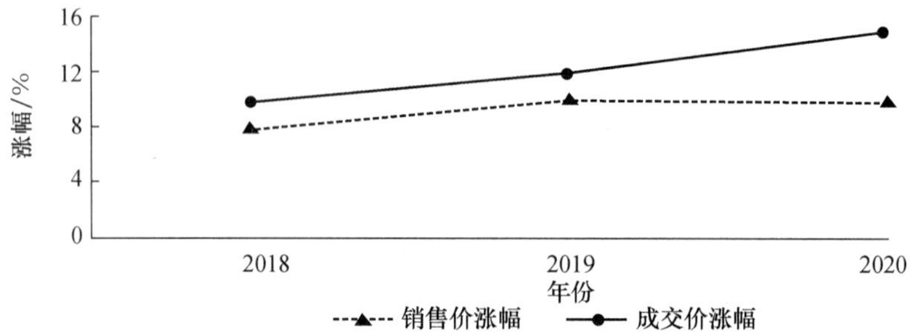

图3-6　×品类价格涨幅图示

二、新产品定价的基本策略

新产品定价的基本策略主要有以下五种：

（一）新产品定价策略

(1)撇脂定价。指在新产品生命周期的最初阶段，把新产品的价格定得很高以获取最大利润。

(2)渗透定价。指企业把其创新产品的价格定得较低，以吸引大量消费者，提高市场占有率。

（二）折扣定价策略

折扣定价策略是企业为了鼓励消费者及早付清货款、大量购买、淡季购买而酌情降低基本价格的策略。

(1)现金折扣。指企业给那些按约定日期付款或提前付款的消费者给予一定的折扣。如买主在10天内付款，可得到原价2%的折扣；若在10～30天内付款则没有折扣。

(2)数量折扣。指根据购买数量的多少分别给予不同的折扣，以鼓励大量购买。包括两种：非累计数量折扣，即对在一次性购买或订货时达到一定数量或金额的买主，给予折扣优待；累计数量折扣，即在一定时期内，按照购货累计达到的数量和金额的大小给予不同的折扣。

(3)季节折扣。指对在销售淡季购买产品的消费者提供的价格优惠。

(4)价格折扣、以旧换新折扣。指企业收进消费者同类产品的旧货，在新货价格上给予折让。

(5)促销折扣。由企业给予参加其促销活动的中间商的一种减价活动。

（三）地区定价策略

(1)FOB原产地定价。指买方按照出厂价格购买某种产品，卖方只负责将产品运到产地某种运载工具上交货，由买方承担其后所发生的全部费用和风险。

(2)统一交货定价(邮资定价)。指企业对于卖给不同地区消费者的产品均按照出厂价加平均运费定价。

(3)分区定价。指卖主将市场划分为若干价格区，以每一个区域与卖主距离的远近分别制定不同的价格，而在各区域内则实行统一定价。

(4)基点定价。指卖主选定某些城市作为基点，然后按一定的出厂价加上从基点城市到消费者所在地的运费来定价，而不管货实际上是从哪个城市起运的。

(5)运费减免定价。指为了减轻远地消费者的运费负担，保护市场占有率，由卖方负担一部分或全部运费。

(四)心理定价策略

(1)声望定价。指针对消费者“价高质必优”的心理，对在消费者心目中享有声望，具有信誉的产品制定较高的价格。

(2)尾数定价。指保留价格尾数，采用零头标价，给人以便宜感和信赖感，往往会带来大量需求，例如，一产品定价是998元而不是1000元，使人感觉价格保留在较低档次，并感觉标价精确、便宜。

(3)招徕定价。指为促进产品销售，将价格定得低于价目表，甚至低于成本费用，以吸引消费者购买，并带动其他正常定价产品的销售。

(五)差别定价策略

差别定价策略指企业按照两种或两种以上不反映成本费用的比例差异的价格销售某种产品或服务。

(1)消费者差别定价。指企业按照不同的价格把同一种产品卖给不同的消费者。

因职业、年龄、阶层等原因，消费者有不同的需求，企业定价时采用相应优惠或相应提高价格的策略。

(2)产品形式差别定价。指为款式不同或型号不同的产品制定不同的价格，例如，盒装牛奶和袋装牛奶的价格差。

(3)地点差别定价。指同一种产品在不同地理位置的市场上定价有差异。

在实际生活中，同一种产品在不同地理位置的市场上，其需求强度是不同的，因此可制定不同价格。

(4)销售时间差别定价。指对不同季节、不同时期甚至不同钟点的产品或服务分别制定不同的价格。

三、新价格策划注意事项

1. 新产品的价格策划主要来源于品牌策略

对于新产品的价格策划，由于没有历史数据的支持，能够参考的是品牌策略，定位是高还是低，竞品的价格是多少，是与竞品直接竞争还是寻找价格定位的空隙。还有关于新品定价的渗透策略、撇脂策略，具体定价时还有心理定价、尾数定价等不同方法。对新品做价格策划，核心是看品牌想争取哪一部分消费者，成本结构如何，渠道和促销怎么进行。

2. 动态参考竞品的价格

如果市场上有同类竞争品牌，同样要参考其价格体系。一个简单的方法是，找到企业定位的直接竞品，或者找到市场上的领导品牌，采用市场调研的形式，收集其各个主要对标竞品的具体价格，汇总分析，从而为新产品的价格策划做参考，比如，市场上某品牌在某品类上是领导品牌，其定价为 5 000 元/件，那么，新产品可适当降低定价，定价到 4 000 元/件。

3. 价格策划力求科学、准确

与总量策划不同，总量可以调整，产品的价格一旦确定就不可调整，即使是品类的价格策划，一旦确定下来，后续具体产品的定价也要在这个范围内去执行。在具体操作中，出现特殊的极其畅销或者极其滞销的情况，再去调整，就是对品牌策略或者说品牌形象的破坏。在品类价格范围内，出现超高价以及超低价的情况，都是异常情况，一定要监控此种情况出现，如不可避免，相应的销售话术或者说销售说辞要配合好，不然此部分产品极容易成为库存。

四、“五大方法”，创新优质价格定位

(1)“高端造势树形象”。高端定价，建立品牌性定价；树立形象，提升价格支撑力。

(2)“高效组合升利润”。多元化消费者，多组合定价；提升利润，建立“价格护城河”。

(3)“对标竞标强狙击”。对标竞争对手，推进“对标性定价”；狙击对手，提升“价格竞争力”。

(4)“营销加持巧拉升”。营销加持，助力价位拉升；扩大产品曝光度，激活流量聚人气。

(5)“阶梯定价强分销”。分阶梯定价，不同要素，不同价格；强化分销拓展，覆盖不同消费群体。

【工作程序与方法引导】

一、工作程序

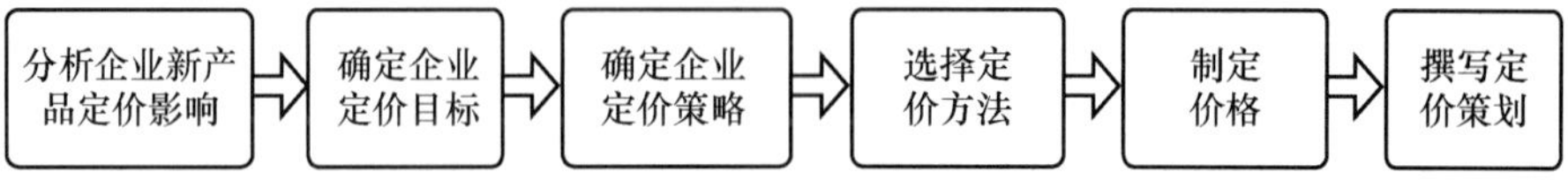

二、方法引导

新产品价格制定的方法

(一)成本导向定价法

成本导向定价法是以产品成本为定价基本依据,按卖方意图定价的策略。特点是简便、易用。

1. 成本加成定价法

就是按照单位成本加上一定百分比的加成决定价格。加成的含义就是一定比率的利润。公式为:$P=C(1+R)$,其中,P 为单位产品价格,C 为单位产品成本;R 为利润率。

假设一双皮鞋的单价成本是 100 元,加上 20%的利润,那么售价 $P=100(1+20\%)=120$ 元。

这种定价方法是对各种商品加上预先规定的不同幅度的加成,比如,百货商店一般对烟类加成 20%,对照相机加成 28%,对书籍加成 34%,对衣物加成 41%,对珠宝饰品加成 46%,对女帽类加成 50%,等等。

2. 目标定价法

是指根据企业的总成本和估计的总销量来制定价格的一种方法。

$$目标价格=\frac{总成本+目标利润}{预计销量}$$

(1)假设企业的生产能力为 100 万单位产品,估计未来时期有 80%的生产能力能够运行。那么就可以向市场提供 80 万单位产品。

(2)假设生产 80 万单位产品的总成本是 1 000 万元。

(3)假设企业想得到 20%的成本收益率,那么目标利润就是 200 万元,总收益要达到 1 200 万元。

(4)通过计算得知:

$$目标价格=\frac{1\,200\ 万元}{80\ 万单位产品}=15\ 元/单位产品$$

对于投资大,业务具有垄断性,又和公众利益息息相关,政府对定价有一定限制的产品,只能依据一定的投资额确定一定的百分比,计算收费标准。

(二)需求导向定价法

需求导向定价法是一种以市场需求强度及消费者感受为主要依据的定价方法。

1. 认知价值定价法

认知价值定价法是企业根据消费者对产品的认知价值来制定价格的一种方法。

例如:A、B、C 三家企业均生产同一种产品,现抽一组消费者作为样本,要求他们分别就三家企业的产品予以评比,有三种方法可供使用。

(1)直接价格评比法。请消费者为三家企业的产品确定能代表其价值的价格。

他们可能认为,A、B、C 三家产品分别值 2.55 元、2 元和 1.52 元。

(2)直接认知价值评比法。请消费者把他们的看法以 100 分为总分分配给三家产品。

假设结果为:42、33、25。如果这种产品的平均市场价格为 2 元,则我们可以得到三个反映其认知的价格:2.55 元、2 元、1.52 元。

(3)诊断法。请消费者就产品的若干属性,把 100 分按每一属性分配给三家产品,同时还按各属性重要程度给予权数。假定产品有四个属性,结果参见表 3-11。

表 3-11 三家产品四个属性的评价表

权数	产品属性	A 产品认知价值	B 产品认知价值	C 产品认知价值
25	产品耐用性	40	40	20
30	产品可靠性	33	33	33
30	交货可靠性	50	25	25
15	服务质量	45	35	20
100	加权值	41.65	32.65	25.40

把各个企业的属性得分,分别与权数相乘然后加总。我们可以发现,A 企业产品的认知价值约 42 分,高于平均分(33.2);B 企业产品的认知价值约等于平均分;C 企业产品的认知价值则低于平均分。

显然,在消费者眼里,A 企业产品可定较高价格,若 A 企业希望按认知价值的比例定价,可定为 2.55 元[2×(42/33),平均价格为 2 元]。

2. 反向定价法

反向定价法是企业根据消费者能够接受的最终销售价格,计算自己从事经营的成本和利润后,逆向推算出产品的批发价和零售价的方法。

(1)在市场需求强度大时,可适当提高价格;在市场需求强度小时,可适当降低价格。

(2)需求强度大的产品价可低些,需求强度小的产品价可高些。

(三)竞争导向定价法

竞争导向定价法以市场上相互竞争的同类产品价格为定价基本依据,以随竞争状况的变化确定和调整价格水平为特征的定价方法,指企业按照行业的平均现行价格水平来定价。一般能为企业带来合理、适度的盈利。

(1)使本企业产品的价格与竞争产品的平均价格保持一致。

(2)平均价格水平常被认为是"合理的价格"而被消费者接受。

(3)试图与竞争者和平相处,避免激烈竞争产生的风险。

新产品定价策划方案

(一)定价策划背景概述

说明需要进行定价的新产品及其背景,包括企业新产品的营销状况分析、竞争者状况分析、新产品的核心特征、目标消费者购买力情况分析以及新产品定位。

(二)确定定价依据及定价目标

收集需定价新产品的成本资料(包括本企业成本和平均成本),目标消费者对价格的敏感程度和竞争者的定价情况,国家的该类产品的价格政策及其影响,并由此确定定价目标。

收集定价资料是非常具体的,新产品的生产、销售、运输、储运、包装等方面的成本费用指标都可作为参考依据。对竞争对手的定价情况进行搜集和计算,为定价提供可靠的参考依据。企业的定价目标有"追求利润""提高市场占有率""应对市场竞争""维持营业"等,企业必须对这些目标做出选择。定价目标的确立应建立在客观、准确的定价依据上。

(三)设计定价方案

设计定价方案是定价策划最关键、最核心的内容,依据企业的定价策略,选择定价方法,依据定价方法核算,并对计算结果分析、调整,确定最终价格。

(四)定价方案的分析评价

对已经确定的价格进行全方位的分析,一般对已经确定的价格可以进行小范围的试验,测试消费者和竞争者的反应,并进行分析、修改和调整。

【学徒任务】

××食品企业新产品价格策划方案

一、定价策划背景概述

二、确定定价依据及定价目标

(新产品的成本、目标消费者对价格的敏感程度、竞争者的定价情况、国家对该类产品的价格政策及其影响)

三、新产品定价方法选择及初步定价

四、新产品定价策略选择及调整后的定价

五、新产品价格方案

①新产品价格

②不同地区的产品价格策略

③不同等级产品价格

④提价和降价方案

六、定价方案的分析、评价

【考核与评价】

一、任务考核

师傅根据学徒在完成价格策划方案中的具体表现进行量化考核，占40%；学徒与其他的工作伙伴的协同合作，占25%；合作伙伴对学徒活动中的表现进行评价，占20%；学徒对自己的活动表现进行自评，占15%。师傅打分时要充分考虑每个学徒的综合表现以及在定价策划过程中的作用、表现和贡献。

二、效果评价

1. 自我评价

(1)通过本次学习我学到的知识点/技能点有：________________________________

____

不理解的有：____

(2)我认为在以下方面还需要深化学习并提升岗位能力：____________________

____

(3)在本次工作任务学习过程中，我的表现可得：□  □  □ 

2. 综合评价

项目		评价内容：综合能力评测 (1)请在对应的条目○内打“√”“×”，不确定的条目不填，可以在小组评价时让本组同学讨论并写出结论。 (2)评价结果全对得 ，错一项得 ，错两项得 			评价等级（学生互评）		

工匠精神测评（组内互评）	工作纪律	○按时到场	○书、本、笔齐全	○接受工作分配			
	工作态度	○责任心强	○工作积极主动	○合理使用学习资源			
	工作效能	○有效沟通	○主动帮助他人	○高效完成工作任务			
专业能力测评（组内互评）	定价目标	○产品定位明确	○企业状况分析合理	○定价目标清晰			
	定价策略	○市场调研充分	○市场价格分析充分	○策略选择适宜			
	定价方法	○定价方法明确	○价格核算正确	○价格与定位匹配			
	策划文本	○结构内容完整	○论述有针对性	○定价合理、可操作			

任务2　进行新产品渠道策划

【任务内容】

根据新产品定位给新产品设计渠道策划方案：

(1)根据新产品的定位及市场状况，分析各影响因素对企业渠道设计的影响情况；

(2)分析竞争者的分销策略，对渠道的“长度”“宽度”进行确定，确定最佳的渠道策划方案；

(3)制订渠道成员选择评估方案及渠道管理办法。

【任务目标与质量要求】

任务目标与产出

编写出有针对性、内容具体、具有可操作性的渠道策划方案。

质量要求

新产品渠道策划方案需满足以下要求：

(1)渠道策划方案需包括企业产品渠道影响因素分析、渠道方案设计、渠道成员选择与评估办法、渠道实施与管理。

(2)影响因素分析需要对产品、市场、企业状况、环境情况进行分析。

(3)渠道方案设计要求阐明选择哪几种渠道模式及其原因。

(4)渠道成员选择与评估办法需要说明：渠道成员的数量、选择依据、评估方法、进入与退出机制。

(5)渠道实施与管理需要阐明渠道实施的具体办法、成员激励及处罚的机制等。

【业务经验】

一、明确渠道策划的原则

1. 经济性原则

每一种渠道方案都将产生不同水平的销售成本，在进行渠道策划时，区域经理需要对拟选择的不同渠道的费效比进行评估，找到最经济的渠道策划方案。

2. 控制性原则

控制性原则，即对渠道的控制能力。用自己的销售队伍虽然能够最大限度地控制渠道，但成本非常高，而使用经销商则意味着会产生更多的控制问题，因此区域经理在对渠道进行选择、策划时，需要考虑对渠道成员的控制能力，只有有效地控制渠道，才能保证市场按照预定的目标来发展。

3. 适应性原则

渠道成员之间的合作在一个特定的时期内往往会有一定的承诺，但是由于市场的变动会影响厂商的应变能力和合作基础，因此在迅速变化的市场上，企业需要能控制渠道结构的政策，以适应不断变化的营销战略。

4. 匹配性原则

产品不同对渠道的要求也不尽相同，企业情况不同对渠道的要求也会不同。区域经理在进行渠道策划时要充分考虑企业的实际情况，寻找相匹配的渠道来运作市场。

对保质期短和易腐烂的商品要求产品与消费者接触的中间环节尽可能少些，采取零级渠道或者一级渠道，可以避免因时间拖延和重复搬运造成的损失；对于保质期长或者不易腐烂的产品，如饮料等产品，由于对时间的要求不是很严格，则可以采取二级或者三级渠道，这需要区域经理在进行渠道策划时考虑好实际情况。

二、渠道策划需要考虑的因素

1. 市场环境因素

每个市场所处的地理环境不同，消费者所接受的产品信息也有所不同，产品在市场上的销售量也不同。同时，由于每个市场受当地经济发展水平、人口数量、购买力等客观因素的限制，这些实际情况是决定在二、三级渠道选择独家还是多家经销商的因素之一。一般而言，区域市场潜力大，适合多家分销以利于广泛覆盖做深、做透；市场潜力不大、销售有限的市场采取独家分销较为合适，以求在单点上取得突破，形成自己的强势地位。

2. 区域市场特性

每个市场都有与生俱来的特殊性，尤其表现在地域特色上的消费习惯、消费行为和氛围，只有对所选择的目标市场消费者购买什么商品、在什么地方购买、为何购买、何时购买、如何购买等情况了解透彻，才能在渠道的策划中找出合适的渠道。

3. 产品的特性

不同的产品对市场渠道的要求也不同，这主要是由于产品的消费人群、售卖场所、售卖价格、售卖方式、价格需求弹性不同所致。即使同一品类的产品，由于企业不同的定位，对市场渠道的选择也不尽相同。有些产品虽然属于大众消费产品，但是由于在整个企业的产品定位中定位为高端，这样的产品在进行渠道策划时，就需要依据企业对产品的定位选择不同的渠道。定位高端的产品，企业往往会选择零级渠道或一级渠道，目的在于树立品牌、掌控市场和获取市场利润；对大众化的消费产品，企业往往会选择二、三级渠道，目的是通过经销商的网络实现最大限度的市场覆盖，可以选择独家或者多家分销的形式。

4. 市场地位

企业产品在市场的地位有时往往是企业渠道选择的一个关键点，如果企业产品是市场的新来者，就比较适合选择独家经销商，原因是作为市场的新来者，商家可以通过独家分销权控制价格以求利润。如果企业产品是市场的领导品牌，则宜选择多家经销商，虽然经销商会对厂家发展多个经销商而使价格透明的做法颇有怨言，但每天的出货量足以带动其他产品的销量。

5. 竞争对手的情况

每个市场都不是一个品牌产品孤立存在的市场，会有不同的品牌在相互竞争，竞争对手在区域市场的地位和表现也各不相同。一般来讲，在竞争对手表现比较强势的市场，采取独家分销的形式相对较好，原因在于通过独家销售可以提升经销商的获利空间，激励经销商下更多的工夫进行市场推广来抵御竞品。

6. 经销商的情况

经销商的资金实力、配送能力、销售网络、售后服务以及管理水平是区域经理对区域市场进行渠道策划时需要考虑的因素。各方面能力较强的经销商采取二级渠道相对合适，而对于资金实力薄弱、配送能力有限、销售网络不健全以及其他条件不是很好的经销商来说，采取三级渠道是一个不错的选择。

7. 企业情况和企业营销目标

企业自身的实际情况和企业营销目标不同，渠道策划也不相同。各方面条件较好的企业销售要求高，选择多家分销比较适合企业，而对于实力有限的企业来说，独家分销可能更适合企业的发展。

【工作程序与方法引导】

一、工作程序

二、方法引导

（一）渠道的设计

1. 确定渠道的目标与限制

渠道目标，即企业预期达到的消费者服务水平以及经销商应执行的职能等。

渠道设计的中心问题，是确定到达目标市场的最佳途径，每一个生产者都必须在消费者、产品、经销商、竞争者、企业效果和环境等因素的限制下确定其渠道目标。

2. 明确可供选择的渠道方案

(1)经销商的类型与数目。考察经销商要从三个方面着手：

①经营能力。表示经销商实力的大小，包括资金能力（资金量）、人员能力、营业面积、仓储设备。

②经营水平。经销商市场活动能力的表现，反映经营成效，包括以下三个评价标准。

适应力：经营是否灵活多变。

创新力：是否不断提高服务质量，在各方面给予消费者更大满足。

吸引力：是否研究消费者心理，符合市场需求。

因此，适应力、创新力、吸引力程度的高、低是评价经销商经营水平的标准。

③周转能力。经销商的资金周转能力。

包括：资金周转能力、偿债能力、筹集资金的能力、债权的收回能力、资金合理利用的能力。反映：经销商与银行、其他企业及运输部门的合作关系。

（2）渠道成员的特定责任。主要有以下几项：

①价格政策。如生产企业定出价格目录和折扣标准。

②销售条件。指付款条件和生产者保证。如对提前付款的经销商给予现金折扣，对产品质量的保证，甚至对产品市场价格下降时的承诺保证等。对价格不下降的保证可用来诱导经销商大量购买产品。

③经销商的区域权利。

④各方应执行的服务项目。通常制定相互服务与责任条款。对此必须慎重从事，在选择特许经销和独家代理渠道时尤应如此。

3. 评估主要渠道方案

（1）经济性。经济标准最为重要，判别一个渠道方案好、坏的标准，不应是其能否产生较高的销售额和较低的成本费用，而是能否确保最大利润。

（2）控制性。使用代理商无疑会增加控制上的问题，因为代理商是一个独立的企业，它所关心的是自己如何取得最大利润。

（3）适应性。生产者是否具有适应环境变化的能力，即应变力如何。

（二）渠道的管理

1. 选择渠道成员

企业对经销商的吸引力，取决于企业本身声誉的好、坏和产品销路的大、小。有些企业很容易找到合适的经销商，有些企业则很困难。对于一个有吸引力的企业来说，主要的问题是如何选择渠道成员。选择经销商应主要考虑以下因素：经销商的历史、声誉、经营范围，以及销售和获利能力，收现能力，协作精神，业务人员的素质，开设地点，未来的销售增长的潜力，消费者属于什么类型，购买力大、小和需求特点等。

2. 激励渠道成员

激励的首要原则是站在别人的立场，设身处地地为别人着想，不应只从自己的观点出发看问题。同时，避免激励过分与激励不足。

企业与经销商的关系有以下几种：

(1)合作。采用积极的激励手段，也采用消极的惩罚手段。

(2)合伙。比较成熟的企业一般与它们的经销商建立一种合伙关系，达成一种协议，企业明确自己应该为经销商做些什么，也让经销商明确他的责任、市场覆盖面和市场潜量，及他应提供的咨询服务和市场信息，企业根据协议执行情况对经销商支付报酬。

(3)分销规划。这是一种最先进的办法，它是一种把企业和经销商的需要融为一体的、有计划的、有专门管理的纵向营销系统。企业在其市场营销部门中设立一个分部，专门负责同经销商关系的规划，其任务主要是了解经销商的需要和问题，并做出经营规划，以帮助经销商实现最佳经营。双方可共同规划营销工作，如共同决定销售目标、存货水平、陈列计划、培训计划以及广告和营业推广的方案等。

企业可借助某些因素来赢得经销商的合作，包括酬劳、声誉等。

3. 评估渠道成员

评估的内容：

(1)契约约束与销售配额。

(2)评估经销商的绩效。

评估的依据：销售定额完成情况及平均存货水平；服务质量、消费者反映、付款情况；与生产者的合作及今后的发展规划。

评估的方法：比较现销量与前期销量；比较经销商完成的实绩与定额指标。

4. 调整销售渠道

(1)增减某一渠道成员。依据是：增加或减少这个经销商对企业的盈利有何影响？调整后对其他成员会不会引起反应？

(2)增减某一销售渠道。因为原有渠道已不适应客观情况。

(3)调整整个渠道。企业调整渠道的大手术，因为调整整个渠道就是要改变企业营销组合的许多因素以及企业许多方面的政策，例如，原来是密集分销，现改为独家销售渠道；原来是独家的销售渠道，现改为企业直销。

（三）渠道统筹维护

在进行渠道维护时，企业一定要建立一套成熟、快速反应的机制，而且对于各类活动、优惠，各渠道一定要统一、同时发布，并且一定要定时监控渠道，例如渠道成员是否私自改变产品形态等情况，这些都是渠道维护的内容。这部分工作很关键，做得不好，可能前面的铺设工作都白费了。

【学徒任务】

××食品企业新产品渠道策划方案

一、渠道策划背景概述

二、产品渠道影响因素分析

三、渠道方案设计

四、渠道成员选择与评估办法

五、渠道实施与管理

【考核与评价】

一、任务考核

师傅根据学徒在完成渠道策划方案中的具体表现进行量化考核，占40%；学徒与其他的工作伙伴的协同合作，占25%；合作伙伴对学徒活动中的表现进行评价，占20%；学徒对自己的活动表现进行自评，占15%。师傅打分时要充分考虑每个学徒的综合表现以及在渠道策划过程中的作用、表现和贡献。

二、效果评价

1. 自我评价

(1)通过本次学习我学到的知识点/技能点有：____

____

不理解的有：____

(2)我认为在以下方面还需要深化学习并提升岗位能力：________________________

____

(3)在本次工作任务学习过程中，我的表现可得：□ □ □

2. 综合评价

项目	评价内容：综合能力评测 (1)请在对应的条目○内打“√”“×”，不确定的条目不填，可以在小组评价时让本组同学讨论并写出结论。 (2)评价结果全对得 ，错一项得 ，错两项得				评价等级(学生互评)		
工匠精神测评(组内互评)	工作纪律	○按时到场	○书、本、笔齐全	○接受工作分配			
	工作态度	○责任心强	○工作积极主动	○合理使用学习资源			
	工作效能	○有效沟通	○主动帮助他人	○高效完成工作任务			
专业能力测评(组内互评)	渠道设计	○渠道目标明确	○产品渠道现状清晰	○渠道设计合理			
	渠道成员选择	○成员数量层次明确	○成员选择方法明确	○成员评估方法操作性强			
	渠道管理	○管理制度清晰	○成员责、权明晰	○管理方法操作性强			
	策划文本	○结构完整、无误	○正文层次分明	○结论正确、有据			

任务3　进行新产品促销策划

【任务内容】

综合新产品价格、包装、渠道等信息，给新产品制订促销策划方案：

(1)选择适合的新产品促销方式及促销组合；

(2)选择合适的宣传方式,设计促销配套广告,选择广告媒体;

(3)编写新产品促销策划方案。

【任务目标与质量要求】

任务目标与产出

编写出实施性强、新颖的新产品促销策划方案。

质量要求

新产品促销策划方案需满足以下要求:

(1)新产品促销策划方案的内容包括新产品促销目标、目标市场及竞争分析、确定具体促销方案、预算及行动方案控制。

(2)要结合新产品促销目标、产品特征选择促销方式。

(3)进行促销媒体的选择与分析和配套广告设计理念的阐述。

(4)注意促销活动过程的意外防范和促销费用的核算。

【业务经验】

促销是指企业利用各种信息载体与目标市场进行沟通的传播活动,包括广告、人员推销、营业推广与公共关系,等等。

一、促销的四个基本原则

(一)促销要拿捏好时机

可以在一些特殊的时间和事件的节点来进行促销,比如国庆、周年庆、新品发布、超级会员日、双11,等等;可以在需要让大量消费者转向盈利产品的时候,对引流产品进行大幅的促销,比如很多KTV包房降价,实际上酒水才是盈利产品;在线教育会用超低价推出体验课,即可以在需要批量争夺市场、争夺消费者的时候来进行促销。

(二)促销要有足够的理由

在做促销时,一定要有合理的理由,这样才会把降价这件事情归因到其他的地方,不至于降低消费者对产品本身的价值感知。

如想在情人节进行促销,那就可以这样做:

1. 从特殊的身份入手

比如情侣可以获得优惠、单身享受半价、自己的会员获得超级福利,等等。

2. 从特定的任务入手

比如朋友圈晒合照,就可以获得优惠;完成这个恋爱测试H5小游戏,就可以获得优惠等。

3. 从特定的产品入手

比如情人节推出专属产品、推出组合套装，等等。

4. 从特殊的时间节点入手

比如情人节这个节点本身就是特殊时间上的一个优惠理由，还可以在这一天的05:20、13:14等这些有意义的时间节点推出超级大优惠等。

5. 从特定的事件入手

比如企业获得了多个品牌赞助联合活动、获得B轮融资、情人节回馈消费者，等等。

总之，促销要有理由、要有意义，这样才会有仪式感，才不会损害产品本身的价值。

（三）促销优惠不能无节制

一定不要对所有人都优惠，对所有人都优惠，就等于没有优惠。

尽量让优惠和折扣看上去更加稀缺、更加难得，因为太容易得到的优惠，人们不会太珍惜。

可以限制人群、限制优惠等级、限制附加福利，还可以设定完成一些小任务或者小游戏来获取优惠。

（四）促销要突出产品价值感

消费者不是要买便宜的产品，而是喜欢物超所值的感觉，这种感觉是由可感知的产品价值和购买成本共同决定的。

可感知价值越高，购买的成本越低，那么物超所值的感觉就会越突出。比如在做促销海报时，文案用“免费试用扫地机器人”价值感就很弱，打动消费者的力度也很小，如果用“不用花一分钱就可以体验原价1 888元的扫地机器人”，则更能体现产品价值感。

在做一些有赠品促销的活动时，有经验的策划和文案，肯定会把这些赠品包装得更有价值感，让人越看越心动，会觉得得到这些赠品简直超出了预期。

当然，要避免单一的促销手段。除了降价打折，还有秒杀、补贴、红包、抵现、代金券、满减、满赠、满返、满赠、搭售组合试用体验、抽奖、送积分、团购、预售、跨界联合、定金膨胀、增值服务、赠送，等等，还可以组合各种手段，哪一个更适合竞争环境或者更能让人眼前一亮，就可以推出。拉近与消费者的距离，打动消费者的心。

二、促销广告的设计要求

(1)真实性。广告的生命在于真实。虚伪、欺骗性的广告，必然会丧失企业的信誉。广告的真实性体现在两方面：一方面，广告的内容要真实；另一方面，广告主与产品也必须是真实的。企业必须依据真实性原则设计广告，这也是商业道德和社会责任的体现。

(2)社会性。广告是一种信息传递。在传播经济信息的同时，也传播了一定的思想意识，这必然会潜移默化地影响社会文化、社会风气。从一定意义上来说，广告不仅是一种促销形式，而且是一种具有鲜明思想性的社会意识形态。广告的社会性体现在：广告必须符合社会文化、思想道德的客观要求。

(3)针对性。广告的内容和形式要富有针对性，即对不同的产品、不同的目标市场要有不同的内容，采取不同的表现手法。广告要根据不同的广告对象来决定广告的内容，采用与之相适应的形式。

(4)艺术性。广告是一门科学，也是一门艺术。广告把真实性、思想性、针对性寓于艺术性之中。利用科学技术，吸收文学、戏剧、音乐、美术等各学科的艺术特点，把真实的，富有思想性、针对性的广告内容通过完善的艺术形式表现出来。

三、广告媒体的选择方法

广告媒体的选择一般采用以下几种方法：

(1)信息到达程度筛选法。以基本读者量、到达率、毛评点作为比较参数进行纵向或横向比较，从中选择与目标消费者吻合度高的媒体。

(2)广告诉求定位法。以广告的诉求定位判断标准，选择与诉求定位相适应的媒体，比如理性诉求选择印刷媒体为宜，情感诉求选择电子媒体为宜。

(3)媒体接触机会比较法。对广告目标市场内各种媒体的接触机会进行比较，一般以接触率为对比参数，在同类型媒体中进行纵向比较，在不同类媒体之间进行横向比较，从中选择接触率比较高的媒体。

(4)千人成本效率比较法。千人成本是指每 1 000 人所需要的广告费用。广告接触者的人数越多，千人成本就越低。千人成本是媒体选择的一个重要标准，一般选择与传播目标吻合度高、千人成本较低的媒体。

四、公共关系策划方案设计

由于企业的性质、规模不同，战略策划或是专题活动策划的层次不同，公共关系策划的内容也不尽相同，但较为规律的是如下几方面的内容：

(1)确定对象。明确企业的公关活动，公共关系策划针对的对象是谁。

(2)确定目标。企业的形象目标通常由企业的知名度、美誉度和企业风格来体现。

(3)确定主题。不论项目大小均应将一系列目标概括成既能反映本质又简明扼要的一句话，或一小段表述，来广泛传播。

(4)选择活动模式。常用的战略型模式有，建设型、进攻型、维系型、防守型、矫正型；常用的战术型模式有，宣传型、交际型、服务型、公益型、征询型。

(5)选择媒介。是大众传播、人际传播，还是实务传播；是用报纸、广播，还是用电视传播、卫星传播。

(6)确定时间。如何利用各种时机与策划新闻“由头”。

(7)确定空间。大至洲界、国界，小至房间布置，公共关系策划都要考虑到。

(8)经费预算。固定资产折旧、活动资金分配、劳务、保险、机动等都应考虑细致。

在许多项目中，筛选出最为优化的一项，以最小的代价，取得最大的效益。用哲理的话讲，就是善于抓住主要矛盾和矛盾的主要方面。我们的人、财、物力量有限，要把它们用在重点项目上，以点带面，不要在策划内容或项目上面面俱到，此乃策划之忌。

【工作程序与方法引导】

一、工作程序

新产品促销影响因素分析 → 促销方式选择 → 促销宣传设计 → 促销活动过程设计 → 撰写促销策划方案

二、方法引导

新产品促销策划具体操作逻辑

（一）促销机会分析

促销机会分析包括：整个新产品或消费品市场的数量和金额分析；各竞争对手新产品结构的销售量与销售额的分析；各竞争对手市场占有率的比较分析；消费者年龄、性别、家庭收入等分析；各竞争对手新产品优、缺点的分析；各竞争对手市场细分与新产品定位的比较分析；各竞争对手广告费用与广告表现的比较分析；各竞争对手促销活动的比较分析；各竞争对手公关活动的比较分析；各竞争对手定价策略的比较分析；各竞争对手分销策略的比较分析；各竞争对手店铺布局的比较分析；企业的利润结构和费用情况分析。

（二）目标市场定位

目标市场定位包括：确定目标市场和新产品定位；经营目标；价格策略；分销策略；广告形式和投资预算；促销活动的重点和原则；公关活动的重点和原则。

（三）促销活动策划

促销活动策划包括：明确促销的目标；选择促销的形式和内容。

（四）促销活动计划

促销活动计划包括：促销价格；促销的渠道；促销过程的陈列；促销服务。

（五）促销过程管理计划

促销过程管理计划包括：主管的职责权限；促销目标计划；人员的挑选和培训；促销

人员的薪金标准;促销人员的奖励措施。

(六)效果测评

促销策划方案的实施,应从构思到行动,都不断检查与总结,逐步落到实处,从可操作性与收益风险的角度不断发现问题,进行改进与深入。促销策划方案实施以后,需要对其效果进行测评,这样有利于完善促销策划方案,使之处于一个良性的循环状态。

促销策划效果测评包括项目考评、阶段考核与最终考评。对于每一个完成的项目都要按照一定的标准进行考核,及时发现和解决问题。当项目完成得不理想时,管理者要首先找出原因,然后提出解决问题的方案,必要时还应对整个促销策划方案进行修改。效果测评与修正反馈这一过程是密切结合的。

(七)修正与反馈

对促销策划方案的修正与反馈包括事中和事后两个方面。前者在方案实施的过程中,通过项目测评或阶段考核得出的结论,进行修正与反馈;后者在方案实施结束后,在对促销策划的经过和结果进行充分的分析基础上,对出现的问题进行弥补或修正,并将其有效地反映在下一次促销策划中。

【学徒任务】

××食品企业新产品促销策划方案

一、促销策划背景概述

二、目标市场及竞争分析

三、新产品促销活动策划

1. 促销目标

××食品企业新产品促销策划方案
2. 促销主题及促销对象   3. 促销方式及安排   4. 促销时间和地点   5. 促销媒体选择   6. 促销预算   7. 意外防范措施   五、促销效果评估

【考核与评价】

一、任务考核

师傅根据学徒在完成促销策划方案中的具体表现的进行量化考核，占 40%；学徒与其他的工作伙伴的协同合作，占 25%；合作伙伴对学徒活动中的表现进行评价，占 20%；学徒对自己的活动表现进行自评，占 15%。师傅打分时要充分考虑每个学徒的综合表现以及在促销策划过程中的作用、表现和贡献。

二、效果评价

1. 自我评价

(1)通过本次学习我学到的知识点/技能点有：____________________

____

不理解的有：____________________

(2)我认为在以下方面还需要深化学习并提升岗位能力：____________________

____

(3)在本次工作任务学习过程中，我的表现可得：□ □ □

2. 综合评价

项目	评价内容:综合能力评测 (1)请在对应的条目○内打"√""×",不确定的条目不填,可以在小组评价时让本组同学讨论并写出结论。 (2)评价结果全对得 ,错一项得 ,错两项得				评价等级(学生互评)		
工匠精神测评(组内互评)	工作纪律	○按时到场	○书、本、笔齐全	○接受工作分配			
	工作态度	○责任心强	○工作积极主动	○合理使用学习资源			
	工作效能	○有效沟通	○主动帮助他人	○高效完成工作任务			
专业能力测评(组内互评)	促销策略	○促销目标明确	○促销方式合理	○促销组合适宜			
	广告设计	○引人注目	○核心突出特点明确	○媒体对准目标客户			
	促销设计	○对象清晰	○方法手段有针对性	○设计具体、明确			
	策划文本	○结构完整、无误	○清晰、有说服力	○具体、有操作性			

任务4 编制产品营销策划方案

【任务内容】

编制企业待策划产品的营销策划方案：

(1)根据企业产品待解决的问题,对××企业的某一产品制订营销策划方案;

(2)确定主题,列出提纲,收集、整理企业环境分析、战略目标及营销组合相关资料;

(3)根据企业产品分析及定位、营销组合策略,按照规范要求编制营销策划方案。

【任务目标与质量要求】

任务目标与产出

编制出结构合理,内容得宜,具有一定写作水平的营销策划方案,能在文本中体现以下内容:企业环境分析与SWOT分析,企业营销目标与营销战略,产品的营销组合方案,并制订行动方案、计划和相关财务分析。

质量要求

营销策划方案格式及内容要求如下。

一、封面

读者首先看到的就是封面,因而封面要能够给人留下深刻的第一印象。策划方案的封面可提供以下信息:

(1)策划方案的名称;

(2)被策划的客户;

(3)策划机构或策划人的名称;

(4)策划完成日期及本策划适用的时间段;

(5)编号。

二、前言

前言或序言是策划方案正式内容前的情况说明部分,内容应简明扼要,篇幅以不超过一页为宜,字数可以控制在1 000字以内。其内容主要是:

(1)接受委托的情况,如A企业接受B企业的委托,就2020年新产品的推出的现场活动进行具体策划。

(2)策划的概况,包括本次策划的重要性与必要性,策划的过程及要达到的目的。

三、目录

目录是策划方案各部分标题的清单。封面引人注目,前言使人开始感兴趣,目录务必让人读后了解策划的全貌。列目录时要注意,目录中所标页码与实际页码必须一致,否则会损坏营销策划方案的整体形象。

四、摘要

摘要是对营销策划项目所作的一个简单而概括的说明,读者可以通过摘要大致了解策划方案的要点。摘要的撰写同样要求简明扼要,篇幅不能过长,一般控制在一页纸内。另外,摘要不是简单地对策划方案的内容进行列举,而是要单独成一个系统,因此措辞要仔细斟酌,要起到窥一斑而见全豹的效果。

五、正文

(1)营销策划的目的。营销策划的目的部分主要是对本次营销策划所要实现的目标进行全面描述，它是本次营销策划活动的原因和动力，对策划方案的目的说明要非常具体，目标方向明确、突出。

(2)竞争战略分析。它着重分析以下因素：

①宏观营销环境分析。它着重对与本次营销活动相关的宏观营销环境进行分析，包括政治、经济、文化、法律、科技等。

②竞争者分析。它主要分析本企业主要竞争者的有关情况，包括竞争产品的优势、劣势、竞争产品营销状况、竞争企业整体情况等。

③消费者分析。它主要对产品消费对象的年龄、性别、职业、消费习惯、文化层次等进行分析。

④供应商分析。它主要分析本企业有关供应商的状况、讨价还价的能力及其对本次策划活动的影响。

⑤潜在进入者分析。它主要对可能进入本行业的潜在进入者进行分析，探讨其可能的发展对本次营销策划活动的影响。

⑥替代品分析。它主要搜集替代品的相关资料，分析其对本企业产品的竞争影响。

(3)市场机会与问题分析。营销策划方案是对市场机会的把握和策略的运用，因此分析市场机会就成了营销策划的关键。只要找准了市场机会，策划就成功了一半。

①营销现状分析。对企业产品的现行营销状况进行具体分析，找出营销中存在的具体问题点，并深入分析其原因。

②市场机会分析。根据前面提出的问题，分析企业及产品在市场中的机会点，为营销策划方案的出台做准备。

(4)确定具体营销策划方案。针对营销策划中问题点和机会点的分析，提出达到营销策划目的的具体营销策划方案。营销策划方案主要由市场定位和4P组合两部分组成，具体体现以下主要问题：

①本产品的市场定位是什么?

②本产品的4P组合具体是怎样的?具体的产品方案、价格方案、渠道方案和促销方案是怎样的?

(5)预算。这一部分记载的是整个营销策划方案推进过程中的费用投入，包括营销策划过程中的总费用、阶段费用、项目费用等，其原则是以较少投入获得最优效果。用列表的方法标出营销策划费用也是经常被运用的方法，其优点是醒目、易读。

(6)行动方案控制。把策划活动起止全部过程拟成时间表，具体到何日何时要做什么都标注清楚，作为策划进行过程中的控制与检查。进度表应尽量简化，在一张纸上拟出，此外，还要标注人员分配及场地安排，具体说明营销策划活动中各个人员负责的具体事项及所需物品和场地的落实情况。

【业务经验】

一、制订营销策划方案的技巧与方法

（一）制订营销策划方案的技巧

1. 策划前要进行深入的调研

任何一个营销策划，首先要做的便是调研、访谈，尽可能摸清真实情况，掌握一手资料。除了依靠专人调研外，自己还要身临现场细查、深究。因为调研是一切营销策划的基础、源头，策划成功与否，取决于掌握的情况准不准、全不全、深不深。

2. 策划中发挥集体的创造性

实践证明，很多企业的金点子、新创意，都是在掌握大量一手市场信息基础上，善于思考，勤于思考的结果。好的营销策划方案，不仅要擅思，还要善于发挥集体的智慧，强调团队精神，把每个人的积极性都调动起来，达到创新的目的。

3. 策划遵循市场法则且创意新奇

企业在制订营销策划方案时，在遵循基本的市场法则前提下，要出奇制胜。奇就是独创、变化、标新，寻求差异化，本质上是对本企业特性的发挥和张扬，如运用合理得当，可收奇效。例如王老吉采取了一个技巧，即突出“预防上火”这个人人都明白的中医概念，避开了北方人并不认同的“凉茶”概念。

4. 策划融合多学科、多资源、多方法

企业在制订营销策划方案时要避免单一，讲究交融、贯通，做到边界渗透、资源整合。具体而言，要做好市场调研、行业背景分析、区域环境分析，讲究消费模式，洞悉消费心理，注重营销策略和企业发展战略。做企业形象设计，要运用经济学、社会学、心理学、美学知识；做文本设计，要运用图文、电脑、多媒体方面的知识；做营销策划方案，也要避免严肃、艰涩、机械的文风，用语清新、活泼，旁征博引。因此，营销策划方案中除了需要专业知识之外，还需要了解各种知识，以便融会贯通、灵活应用、挥洒自如。

5. 营销策划方案务求清晰、简洁

企业在制订营销策划方案时一定要注意效率，效率就是效益，而效率则取决于实施过程是否简便、快捷。因此，营销策划方案必须简洁、明了，如对市场前景、行业背景、竞争对手、功能定位、形态布局、营销策划、整合推广等都要有清晰的结论、量化的依据，使人一看就懂，易于操作。

（二）制订营销策划方案的方法

不同的企业、不同的产品、不同的地理位置、不同的时间段需要不同的营销策划方案来指导营销活动。因此这就给营销策划方案的制订提出了要求，针对不同情况，营销策划方案的制订有以下方法：

1. 事实依据营销策划法

这种方法的特点是：强调社会经济生活对营销策划方案制订的限制。这种方法将制订营销策划方案建立在收集和记录事实的基础上，只研究实际资料，只表述事实内容和结果，不建议进行主观加工，只反映客观现象，内容具有可操作性，对策划中理论、原理和技术的适用性漠不关心，这种策划适合简单和缺乏竞争的营销环境。

2. 技术手段营销策划法

这种方法的特点是：强调运用高技术手段对营销项目相关信息进行推理，只研究信息的分析和处理方法，而忽视营销策划对客观实际状态的依赖和前后的因果关系。过分强调以技术手段解决营销策划方案中的问题，而把营销策划引导到只关心高技术的方向上去，使其脱离现实。

3. 经验模板营销策划法

该策划法摒弃对现实生产、生活实际状态的实地调研，不关心社会生产、生活方式因时代发展而发生的新变化，只凭人们对经验总结而形成的习惯方法和程序记载的规范、资料及专家的个人经验进行营销策划方案的策划。由于该法不关心社会生产、生活方式的改变对营销策划的影响，总是将既成的、有限的策划方案作为新方案的蓝本，因此该策划法所策划的方案是停滞而僵死的。

4. 综合营销策划法

综合营销策划法就是将上述三种营销策划法综合起来，以克服上述三种营销策划方案制订的缺点。综合营销策划法就是从现实的状况调研入手，用规范的程序，参照专家的既有经验和以往的资料，运用现代技术手段，经过营销策划小组的综合分析论证，最终完成营销策划方案的制订。

5. 头脑风暴法

这种营销策划方案的制订方法要集中有关专家召开专题会议，主持人以明确的方式向所有参与者阐明营销策划的主题，说明会议的规则，提供必要的相关信息，一般不发表意见，创造一个自由的空间，让各位专家充分表达自己的想法。在实施时，参加会议的专家的地位应当差不多，避免产生权威专家影响非权威专家创造性思维发挥的情况。

6. 德尔菲法

德尔菲法是指采用函询的方式或电话、网络的方式，反复咨询专家们的建议，然后由组织者进行统计，如果结果不趋向一致，那么就再征询专家，直至得出比较统一的方案。这种营销策划方案制订方法的优点是：专家们互不见面，不会互相产生权威压力，因此，可以自由地、充分地发表自己的意见，从而得出比较客观的策划方案。

除了上述所说的策划方法，在策划过程中还常用到拍脑瓜法（联想创意法）、灰色系统法和智能放大法等来形成创意。

二、制订营销策划方案的步骤

在策划过程中，企业需要掌握营销策划方案制订的基本步骤，以对营销策划方案的制订实践起指导作用。按照营销策划方案制订的实际操作来说，营销策划方案的制订可以按以下步骤实施：

1. 确定主题

市场营销策划是一种目标导向性很强的活动，它是为解决企业营销中的问题而进行的一种运筹谋划性工作，制订目标是整个营销策划过程的起点。

明确营销策划的目标，首先要了解策划动机。即使针对同一策划对象，策划动机不同，使用的策划方案的侧重点就不同，也会有不同的目标和效果要求。如农夫山泉的“东方树叶”，就是为了树立中国古典的茶文化形象，这样也点出了企业走优质品牌形象的目标。

明确营销策划的目标后，还要明确主题。主题明确一般要经过挖掘、过滤、选择和确定四个阶段。挖掘主题要求策划人员尽可能多地将营销问题挖掘出来，对挖掘出来的问题进行过滤，过滤、去除相对不重要的问题，专注解决重要的问题。最后还要经过与当事人之间多方的沟通与交流，才能确定好主题。

2. 收集和分析信息

通过调研了解企业的营销环境，了解企业所拥有的资源，为企业的营销策划提供真实可靠的信息。值得注意的是，策划的主题有时是在收集和分析信息之后提出来的，确定主题和收集、分析信息这两个环节往往是交叉反复进行的。信息收集与分析可以通过一手资料和二手资料进行，一手资料是指通过市场调研（观察、问卷、座谈、访问等）获得的直接的资料；二手资料是指通过查阅有关文件、大事年表、财务报表、刊物杂志、经营计划、统计资料、网络资源等文字材料获得的资料。

在信息资料的基础上，策划人员可以采用 SWOT 分析法，对企业外部的机会与威胁、内部的优势与劣势进行分析，为营销策划提供依据。

3. 创意的构思与提炼

创意是策划中必不可少的要素，是否有创意也是策划与计划的区别所在，一个没有创意的方案只能称为计划而不是策划。在初步确定了企业的营销策划主题之后，策划人员应利用各种获得的资源，运用不同创意方法进行创意构思，对策划对象进行系统设计，分析创意的可行性并进行提炼。农夫山泉的创意：东方树叶——品牌定位在“健康时尚的茶饮料”，其自身独特的价值在于100%茶叶萃取，纯正的中国茶，零卡路里，天然绿色，可以让消费者，特别是女性消费者放心饮用；在广告创意上采用故事的手段——1610 年中国茶叶乘着东印度企业的商船漂洋过海，饮茶之风迅速传遍欧洲大陆，因一时不知如何命名，且其来自神秘的东方，故被称为“神奇的东方树叶”。最后的“神奇的东方树叶”的创意更是点睛之笔。

4. 营销策划方案制订与筛选

通常情况下，策划人员需要制订几个不同的策划方案以供选择。营销策划方案的制订是营销策划的实质性程序，也是极富创意的过程，在制订了多种方案后，策划人员必须认真评估策划方案的优、劣，并从中选定一个可行方案。

可行方案需要包含三个必要条件：第一，策划方案具备可操作性。每一个策划方案都会受到现实条件的制约，在选择策划方案时，一定要以现有资源为前提，“可行的”创意往往比“最好的”创意还要理想。第二，策划方案要得到高层主管的信任与支持，因为策划方案的实施需要大量投入，而效果往往不是立竿见影的，如果没有高层主管对策划方案的信任与支持，策划方案实施很难继续进行下去。第三，策划方案的执行需要其他职能部门的全力配合。要使策划方案能够顺利推行，除了高层主管的支持外，还需要获得财务、销售、人事、生产等部门的认同与配合。这就需要与有关部门进行有效的沟通，使策划方案得以顺利实施。

5. 编制营销策划方案文件

经过反复沟通、调整后的策划最终要通过文件的形式表现出来。产品营销策划方案文件是表现和传达营销策划内容的载体，它既是营销策划活动的主要成果，也是企业进行营销活动的行动计划。如“目标市场策略”，要说明策划主要面对哪些人，他们有什么特点，如何去打动他们；“媒体投放策略”，要给出媒体选择和投放的行动方案；“营销策略”，要给出产品、价格、渠道、促销的行动计划。

【工作程序与方法引导】

一、工作程序

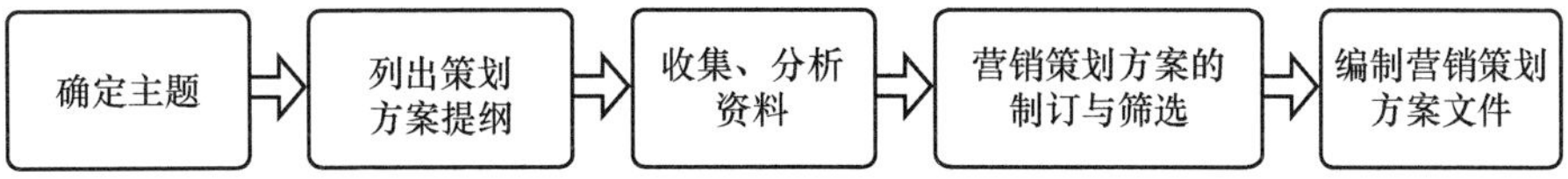

二、方法引导

产品营销策划方案没有固定不变的格式，它依据产品或营销活动的不同要求，在策划的内容与编制格式上而有所不同，具体内容见表 3-12。

表 3-12　营销策划方案的基本结构

构成		内容	基本要求
封面		策划案名称、客户名称、策划人名称、策划完成日期、策划适用时间段、保密级别及编号	信息完整
前言		策划目的、方法、意义等说明	背景交代
目录		策划案提纲	一目了然
摘要		策划案主要内容概括	要点提示
正文	环境分析	重要环境因素分析	策划依据和基础
	SWOT 分析	分析优势、劣势、问题与机会	提出问题
	营销目标	市场目标、财务目标等	明确营销目标
	营销战略	STP 营销（市场细分、选择目标市场、市场定位）	总体布局
	营销组合策略	产品策略、价格策略、渠道策略及促销策略	对症下药
	行动方案	人员安排、道具设备、时间计划、地点选择	保证实施
	财务分析	费用预算、效益分析	计算准确
	控制方案	执行控制、风险预测、应急方案	保障成功
结束语		总结、突出、强化策划人意见	总结主张、前后响应
附录		数据资料、问卷样本及其他背景材料	提高可信度

【学徒任务】

××食品企业营销策划方案

一、封面

二、前言

三、目录

四、摘要

××食品企业营销策划方案

五、正文

1. 营销策划的目的

2. 竞争战略分析(环境分析、SWOT 分析)

3. 市场机会与问题分析

4. 具体营销策划方案(营销战略、营销组合策略、行动方案)

5. 预算

六、附录

【考核与评价】

一、任务考核

师傅根据学徒在制订营销策划方案过程中的具体表现和策划方案的完整性、可行性进行量化考核,占 40%;学徒与其他的工作伙伴的协同合作,占 25%;合作伙伴对学徒活动中的表现进行评价,占 20%;学徒对自己的活动表现进行自评,占 15%。师傅打分时要充分考虑每个学徒的综合表现以及在整个营销策划方案制订中的作用、表现和贡献。

二、效果评价

1. 自我评价

(1)通过本次学习我学到的知识点/技能点有:________________________________

____

不理解的有:____

(2)我认为在以下方面还需要深化学习并提升岗位能力：____________________

____

(3)在本次工作任务学习过程中，我的表现可得：□ □ □

2. 综合评价

项目	评价内容：综合能力评测 (1)请在对应的条目○内打“√”“×”，不确定的条目不填，可以在小组评价时让本组同学讨论并写出结论。 (2)评价结果全对得 ，错一项得 ，错两项得			评价等级（学生互评）		
工匠精神测评（组内互评）	○按时到场	○书、本、笔齐全	○接受工作分配			
	○责任心强	○工作积极主动	○合理使用学习资源			
	○有效沟通	○主动帮助他人	○高效完成工作任务			
专业能力测评（组内互评）	○封面信息完整	○前言背景清晰	○目录清晰、层次分明			
	○环境分析合理有据	○SWOT 分析无误	○营销目标明确			
	○市场细分合理	○目标市场清晰	○市场定位明确有效			
	○营销组合策略有针对性	○行动方案可操作	○控制方案有保障			
	○结束语的总结、主张前后呼应	○附录数据表格可信	○问卷材料完备			

参考文献

[1]卢万强．食品营销学[M],北京:化学工业出版社,2012.
[2]张瑜,吕清华．食品营销策划[M],北京:中国农业大学出版社,2020.
[3]毕思勇．市场营销[M].3 版．北京:高等教育出版社,2014.
[4]祖国锋,王广文．市场营销与策划[M]. 北京:中国质检出版社,2013.
[5]张晋光,黄国辉．市场营销[M]. 北京:机械工业出版社,2015.
[6]吴澎,张仁堂,刘华戎．食品营销学[M]. 北京:化学工业出版社,2019.

附录

附录1　食品营销学徒岗位标准

一、试点专业名称

食品智能加工技术专业。

二、学徒岗位名称

食品营销岗。

三、学徒岗位描述

食品营销岗承担食品市场营销调研、食品营销策划、食品营销促销及管理等主要岗位职责，在师傅的指导下参与食品市场调查与分析、企业新产品策划、产品宣传推广、营销策划、拓展市场等工作。食品营销岗除具备相关专业知识和日常营销问题处理能力，还需具备与消费者、经销商、零售商等人员良好沟通的能力，营销管理执行力，较强的创造、创新能力，自主学习能力以及良好的团队精神。

四、工作场所与使用工具

企业办公场所、大型商超、批发市场、终端零售，主要使用营销管理App、计算机、客户关系管理软件、销售报表、订货单、表单、活码、名片、微官网等。

五、学徒岗位课程实施、岗位职业安全与规章制度

（一）食品营销岗需要遵守的相关法律

《中华人民共和国食品安全法》《中华人民共和国产品质量法》《中华人民共和国反不正当竞争法》《中华人民共和国合同法》《中华人民共和国专利实施细则》《中华人民共和国商标法》《中华人民共和国广告法》《中华人民共和国环境保护法》《中华人民共和国消费者权益保护法》等。

（二）需要遵守的食品行业职业规范与食品企业内部管理规章制度

第一条　食品营销岗基本守则

热爱行业，服务社会；尊重他人，诚实守信；遵守制度，安全生产；用心做事，追求卓越；不断进步，完善自我；团结合作，坚持原则；爱护企业财务，提倡勤俭节约；严守岗位资料机密；保持环境卫生，注意个人仪表。

第二条　食品营销岗工作风纪

(1)鼓励学徒间、员工间、员工与学徒间积极沟通、交流，但不能妨碍工作。因此办公期间应该坚守岗位，不要随意串岗聊天。需要暂时离开时，应知会领导。

(2)办公室是企业办公的场所，有企业很重要的财物和信息资料。所有来访的客人必须由邀请人陪同才可进入；接待来访、业务洽谈应在洽谈室或会议室进行。

(3)不得浪费、损坏企业公物，或将企业公物占为己有，消费、使用，一经发现给予警告、罚款。

第三条　食品营销岗职业安全

1. 业务安全

(1)务必保管好本人持有的企业涉密文件。

(2)未经授权或批准,不得对外提供有机密性质的企业文件或其他未公开的经营状况、财务数据等。

(3)对非本人职权范围内的企业机密,应做到不打听、不猜测、不传播。

(4)发现了有可能涉密的现象应立即向有关上级报告。

(5)学徒在岗期间不得将任何保密资料进行转存携带。

(6)学徒在岗期间不得私自将内部资料以任何方式透露给他人。

2. 自身安全

(1)学徒在岗期间不论有无驾照均不允许驾驶机动车辆。

(2)上、下班(课)期间严格遵守交通规则,避免发生人身意外。

(3)在工作场地戴好防护用具,注意个人及他人安全。

(4)晚上 8 点后不单独外出。坚决杜绝夜不归宿,有一次夜不归宿立刻终止学徒学习阶段,并按照学院管理规定处理。

(5)学徒在单位实习期间做好水、电、暖安全,上班前、睡觉前检查水电,确保安全。

(6)做好防火工作,不使用大功率用电器。

第四条　食品营销岗学徒工作与学习制度

1. 工作制度

学徒在企业指导教师指导下直接上岗从事企业职业岗位工作。岗位工作等同于企业员工。

(1)学徒工作期间必须服从部门管理人员、师傅工作安排,严格按照技术规范要求开展职业岗位工作。对工作中不清楚的技术问题,要勤学、勤问、勤练,掌握后再上岗操作,保证工作质量,提高技术水平。

(2)遵守劳动纪律,反复操作训练,精确操作,提高劳动效率,高效、高质量完成岗位工作。

(3)企业学徒有权拒绝与职业岗位无关的工作,并积极主动与指导教师、上级领导反映、沟通。

2. 学习制度

学徒在岗期间,采用边工作边学习的工作导向学习方法,学徒在已有知识技能的基础上,主要采用以下学习方法:

(1)在企业指导教师指导下,通过反复工作训练,掌握职业岗位操作技能。学生要多与企业指导教师交流、沟通,请教业务技术,注重学习指导教师分析问题,解决、处理问题的思维方式、工作经验等方面的知识。

(2)充分利用企业业务技术培训的机会，学习业务技术。

(3)利用业余时间，自学学徒指导手册、企业技术资料。根据工作中的问题，通过各种信息渠道参阅、学习相关知识、技术。

(4)在学习、训练掌握职业岗位业务技术的同时，善于调研、分析岗位业务技术，以及工作中存在的问题，通过研究，能够改进技术或管理程序，提高工作效率。

六、职业道德与素质要求

吃苦耐劳，工作认真、负责，时间观念强，耐心、细致，科学、严谨，遵守企业的规章制度，具有质量第一的职业态度和强烈的事业心。

七、基本专业知识要求

(1)专业知识：食品市场营销环境分析调研知识；食品市场细分及目标市场分析；食品产品设计与策划知识；食品营销活动策划与推广管理知识；食品推销知识。

(2)法律知识：《中华人民共和国食品安全法》《中华人民共和国产品质量法》《中华人民共和国反不正当竞争法》《中华人民共和国商标法》《中华人民共和国劳动合同法》《中华人民共和国广告法》《中华人民共和国消费者权益保护法》等。

(3)安全知识：安全使用生产工具和交通工具；安全用电；保护环境等相关知识。

(4)企业经营管理知识：企业组织机构和管理流程；企业财务管理知识；企业文化；企业资源管理与员工职业生涯规划。

八、岗位任务

岗位工作任务（项目）	工作过程与技术、质量要求	专业知识要求	技术技能
1. 食品营销环境分析	通过对宏观环境和微观环境的调研分析确定食品企业所处的营销环境，并寻找企业的机会与威胁	市场调研的种类、内容、步骤；市场调研计划制订知识；市场调研报告撰写的知识；市场营销环境宏观、微观环境知识；市场营销环境分析法	营销环境分析能力； 市场调研能力； 调研文本撰写能力
2. 消费者需求分析	通过市场调研分析了解消费者的需求，并根据消费者的需求设计开发新产品	调研问卷的设计，调研技术制订；消费者需求及购买行为分析；影响消费者购买行为的因素	市场调研能力； 消费者分析能力； 客户分析能力
3. 市场细分及目标市场定位	通过市场细分及细分市场的评估寻找企业的目标市场，并通过市场定位确定企业的产品定位	市场细分的概念、原则与依据；市场细分的方法；细分市场的评估；市场定位的过程与方法；市场定位的战略及有效性	市场分析能力； 数据处理能力； 战略规划能力； 企业管理能力
4. 产品营销策划	通过产品价格策划、产品渠道策划、产品促销策划编制产品营销策划方案，向消费者展示产品的特色与核心，并阐释产品定位	产品定价的影响因素及方法；产品营销渠道的功能与类型；产品营销渠道的设计；产品广告策划的方法；人员促销的步骤和管理；公共关系活动的策划；营业推广的策划方法；产品及广告的评测知识	定价策划能力； 营销渠道策划能力； 广告设计能力； 公共关系策划能力； 营业推广策划能力； 广告实施评测能力

附录 2　食品营销学徒岗位课程标准

一、试点专业名称

食品智能加工技术专业。

二、学徒岗位名称

食品营销岗。

三、学徒岗位描述

（一）食品营销岗位工作过程

市场营销环境调研—市场细分—市场定位—消费者需求调研—产品策划—产品研发—产品设计定位（包装、价格、渠道、广告）—产品促销。

（二）食品营销岗位能力要求

（1）具有基础交往沟通能力，具有推销的知识与技巧；

（2）具有市场调研、营销环境分析、消费者心理分析能力；

（3）具有市场细分及目标市场定位的能力；

（4）具有制订营销组合策略并能够根据市场变化制订营销活动方案的能力。

根据产品及环境的变化采取相对应的策略，提出符合市场需求的产品。

四、课程教学目标

（一）思政目标

（1）践行社会主义核心价值观：友善——对他人充满善意，服从领导，与同事、同行友好合作、交流；敬业——在应用食品营销实践中尊重自己的行业，保持认真、严谨、负责的态度；诚信——言出必行，实事求是，在营销策划中不做虚假宣传，夸大其词；平等——在营销实践中平等互助，能够做到平等、融洽；法治——树立依法宣传、依法营销的观念。除此之外，还要具备：团结——在分组实践中团结配合，共同完成任务，具备团队意识；仁爱——对顾客的健康负责，对产品的质量负责；自律——严格约束自己课前、课中、课后学习行为。

（2）培养职业道德：认真、负责，养成在食品营销活动中认真、严谨的态度。

（3）培养认真、务实、踏实意识：严格要求学生课前、课中、课后学习行为。

（4）培养网络安全意识和团队合作精神：引导学生在课前、课后的网络学习过程中，注重网络安全；通过小组学习，培养学生团队沟通和交流的能力。

（二）知识目标

（1）了解食品营销的起源、发展，熟知食品调研的方法，学会运用 SWOT 分析法分析调研结果。

（2）分析运用价格策略、渠道策略、广告策略、产品策略，能够运用营销理论综合评价营销策划方案。

（三）职业能力目标

（1）熟练掌握运用 SWOT 分析法；

（2）基本运用价格策略进行产品的定价；

（3）能够进行产品销售的渠道策略的选择；

（4）能够掌握广告策略的基本知识并且进行产品的广告构思；

（5）能够进行产品或业务的推广，能够进行一般的营销策划活动；

（6）根据产品及环境的变化采取相对应的应变能力，提出符合市场需求的产品构想。

五、学徒岗位课程培训与工作任务

学徒岗位课程培训与工作任务（项目）	培训与工作学习内容	培训与工作学习的组织形式	学习产出目标
企业岗前培训	1. 企业文化管理； 2. 企业财务管理； 3. 人力资源管理； 4. 技术业务培训； 5. 产品市场营销等； 6. 食品营销学的概念、内涵、研究内容	1. 由企业各部门主管对新员工进行轮训； 2. 在企业师傅指导下制订学徒期间的工作计划、学习计划和专题研修计划	1. 了解企业管理结构、发展环境； 2. 了解企业对技术员的业务和行为规范要求、自身职业生涯发展； 3. 了解企业技术、产品市场、财务流程等； 4. 制订学徒制期间的工作计划、学习计划和专题研修计划； 5. 掌握食品营销基础知识
食品营销环境分析	1. 食品市场营销微观环境分析； 2. 食品市场宏观环境分析； 3. 食品营销环境分析法； 4. 食品营销调研方案设计； 5. 食品营销调研报告的撰写； 6. 营销调研的步骤、方法	1. 根据企业营销标准、年度销售计划和目标任务，由企业师傅培训、指导和安排本阶段的业务工作； 2. 通过网络学习和资料的查询，对调研方法、步骤及调研内容初步掌握，在师傅的指导下实施宏观环境和微观环境的资料的收集、分析； 3. 由专业调研技术人员对学徒开展技术培训，培训内容包括如何进行调研和环境分析	1. 通过师傅的培训，学习不同食品调研的步骤和方法； 2. 通过技术人员培训；学习宏观环境和微观环境分析的要素； 3. 学会制订宏观、微观调研分析计划； 4. 能够实施调研及过程管理控制； 5. 学会分析处理调研数据，撰写调研报告
食品企业产品设计	1. 进行市场细分和细分市场评估，寻找食品企业目标市场； 2. 进行目标市场调研，进行目标需求分析预测； 3. 对目标消费者购买行为及其影响因素进行全方位的分析，确定消费者的需求产品，进行产品设计和产品定位	进入岗位角色，在岗位工作中完成学习任务： 1. 师傅带领进行市场细分和细分市场评估，并对细分市场进行调研； 2 师傅讲解如何进行细分市场消费者分析及需求预测，学徒参与每一项工作，并记录关键技术，在工作过程中考核每一项技能； 3. 师傅示范如何进行调研数据的整合与延伸，并进行产品定位设计。学徒根据技能要求完成技能项目； 4. 学徒参与包装及品牌设计；参与市场定位。师傅每天检查、考核学生工作任务完成量和工作质量	1. 学会市场细分及细分市场的评估技能； 2. 学会对目标市场的调研及消费者购买行为分析技术； 3. 学会进行市场需求分析及市场预测的方法及手段； 4. 学会市场定位图的制作，并进行市场定位； 5. 学会依据市场定位及需求分析进行包装和品牌设计

续表

学徒岗位课程培训与工作任务(项目)	培训与工作学习内容	培训与工作学习的组织形式	学习产出目标
食品企业产品营销策划	1. 分析产品的成本及影响产品定价的因素,掌握企业定价的方法、策略和技巧,进行产品价格策划; 2. 通过对渠道的模式分析和管理,进行产品渠道策划; 3. 运用人员推销、广告宣传、公共关系和营业推广进行产品促销策划; 4. 采用市场营销组合策略编制产品营销策划方案	1. 学徒参与,师傅讲解产品定价的方法和营销因素,演示定价的策略和技巧,学生进行产品定价操作; 2. 学徒参与,师傅指导学生进行渠道模式的选择,销售渠道的设计,按标准完成师傅布置的渠道策划任务; 3. 学徒观察人员推销和广告;分析公共关系和营业推广的案例,学会运用四种方式组合进行产品促销策划; 4. 学徒完成产品营销策划方案,企业师傅依据标准考核学生的技能	1. 学会分析产品的成本,分析竞争者的定价,掌握定价的策略和技巧; 2. 学会进行渠道模式的选择,掌握渠道评估的方法,进行营销渠道的策划; 3. 学会进行人员促销、广告、公共关系和营业推广活动的策划,并能够合理组合几种促销方式; 4、跟着师傅进行营销组合设计训练,并进行食品营销策划方案的制作;掌握企业策划经验;能对营销策划进行管理控制、检查各项工作质量

六、学徒岗位课程实施工作场所与使用工具

工作场所:企业办公场所、大型商超、批发市场、终端零售。

生产工具:营销管理 App、计算机、客户关系管理软件、销售报表、订货单、表单、活码、名片、微官网等。

七、学徒岗位课程实施岗位职业安全与规章制度

同附录 1 中相关内容。

八、学徒岗位工作学习职业行为规范

(1)对待工作规范:树立正确的工作观;要把个人目标与企业发展目标相结合;创造性地工作,懂得提升工作效率;在期限内完成工作任务;工作时间全身心投入;等等。

(2)对待企业规范:牢记企业利益;要有节省意识;追求完美,尽量完成工作任务;严格遵守企业制度;不要泄露企业的机密;学会与企业共命运、同发展;等等。

(3)对待企业领导规范:意识到领导和自己并非对立关系;和领导风雨同舟;等等。

(4)对待自己师傅规范:尊师重道;主动向师傅学习;等等。

(5)对待自己规范:树立好习惯;学会调节压力;加强自我管理,学会自我激励;等等。

(6)对待同事规范:学会尊重、欣赏他人,等等。

九、企业师傅、专业指导教师配置与教学要求

1. 企业师傅条件要求

企业在食品营销岗的不同业务方向都要配备一名企业师傅，配备的师傅条件如下：

(1)热爱食品营销事业，对培养食品营销行业人才有充分热情，具有良好的政治思想素质和职业道德。

(2)具备丰富的处理问题能力，掌握并灵活运用行业知识进行技能的传授和讲解。

(3)工作经历丰富、成绩突出，善于“传、帮、带”，在企业近三年的生产工作中，没有违纪、违章、违规行为。

(4)接受过专门的职业教育或系统的营销专业职业技能培训。

(5)有制订、实施培训方案的能力，具备良好的语言表达能力和沟通交流能力。

2. 企业师傅教学要求

(1)认真做好对学徒的日常考勤和管理，加强职业道德、劳动纪律和企业文化等教育，培养学生文明、守纪的良好习惯。

(2)负责指导学徒熟悉实习工作环境和防护设施，提高学徒的自我保护能力，采取有效措施防止学徒在实习中受到伤害和发生安全事故。

(3)认真做好对学徒技能训练的指导和各技术环节的示范，使学徒尽快掌握实际操作技能，严格要求学徒，并经常进行提问、讲解与指导。

(4)认真听取学校和校内指导教师的意见，采取措施及时解决指导中存在的问题，不断提高实习质量。

(5)督促学徒及时完成学徒工作任务和作业文本，对学徒的作业手册填写评语并签名。

(6)实行学徒信息通报制度，定期向学校、学徒家长通报交流学徒学习工作情况。

(7)配合学校和第三方评价机构，对学徒进行岗位评价考核。

(8)认真完成企业领导交办的其他各项工作任务。

3. 校内专业指导教师配备要求

按照食品营销学徒岗知识内容结构，一类岗位学徒制学生配备该专业方向 2～3 名校内专任指导教师，负责知识体系构建、课程理论及部分实操的授课。到企业后，学徒班配备校外实习指导教师进行学习督导。

教学要求：课程教学教师具有双师素质，讲授课程以项目化教学为主，重视课程产出，重视项目实训，重视职业素质教育。

4. 学徒指导教师教学要求

(1)在顶岗实习管理网站上对学徒进行日常管理。

(2)指导教师要制订指导工作计划，填写指导手册，完成书面工作总结。

(3)负责与学徒制单位联系，积极配合学徒制单位工作，及时解决学徒学习中的问

题，争取学徒学习单位的支持和帮助，处理好学徒学习单位与学校的关系。

(4)指导教师要指导学生筛选、确定学徒学习单位、岗位，开展学徒学习。

(5)指导教师要对学徒在企业学习的全程，通过电话、书信、电子邮件、走访检查等形式进行专业技术、职业综合能力的培养、指导。

(6)指导教师要严格要求学徒，重视培养学徒独立工作的能力，分析问题、解决问题能力和创新能力。

(7)负责了解、掌握及检查学徒完成学习的情况，指导学徒撰写学习总结、调研报告等；对在学习中违反纪律且情节严重的学生，指导教师要对其进行批评教育，通知班主任并及时向领导小组汇报。

(8)负责学徒企业学习成绩的评定工作。

(9)按时收回指导学徒的学习材料。

(10)如突发事件，第一时间掌握具体情况并处理，报告程序：通知班主任，报安全稳定领导小组和教学就业工作办公室。

十、职业品质与工匠精神培养

(1)职业品质：具有良好的职业道德，具备从事食品营销职业活动所需要的思想和行为规范，感受企业文化，融入企业环境。诚实、敬业，保守企业机密，善于观察、分析和总结。吃苦耐劳，工作态度科学、严谨，责任心强。具备一定的语言表达能力、沟通能力、学习能力、团结协作能力。具有深入实际调查研究，学会与顾客沟通，与同行合作、交流，协调各方面关系及团队合作的能力。具备在营销一线工作的适应能力。

(2)培养途径：将职业品质贯穿于教学的全过程，潜移默化。

(3)工匠精神：将工匠精神培养贯穿教育、教学全过程，依托技能竞赛和第二课堂，不断培养学生的专业技能和工匠精神。

十一、工作学习资源

职业教育食品营销在线开放课程：https://mooc1.chaoxing.com/course/96279390.html

十二、学徒工作学习组织管理计划

(一)岗位训练学徒组织管理机构

(1)企业是学员岗位训练和专业核心能力训练教学工作的主体，为了加强岗位训练和专业核心能力训练工作的管理，成立岗位训练和专业核心能力训练工作小组，工作小组根据培养目标和模块设置，确定岗位训练和专业核心能力训练模块内容，负责制订岗位训练和专业核心能力训练实施计划并组织实施。

(2)学徒岗位训练和专业核心能力训练工作小组组长由企业相关分管领导担任，副组长由企业办公室主任和学院相关部门主任担任，成员由企业相关部门负责人、食品营销技术人员、一线指导师傅及学院相关分院教师、相关职业技能指导教师组成。领导小组办公室设在企业办公室，由办公室主任负责，并配备适当工作人员。

(3)在学徒开展岗位训练和专业核心能力训练过程中,应配备具有一定专业素养和技能水平的指导师傅,指导师傅的遴选由岗位训练和专业核心能力训练工作小组负责,每个指导师傅所带学员的数量控制在3～5人。

(4)为了加强学员岗位训练和专业核心能力训练工作有效性,学院要组建一支由行业专家和相关职业工种技能培训教师组成的岗位训练和专业核心能力训练教学指导队伍,负责学员训练过程的业务指导,并会同岗位训练和专业核心能力训练工作小组及时调整岗位训练和专业核心能力训练计划。

学徒在岗位训练和专业核心能力训练期间接受企业的技术指导,由学校和企业双重管理。

(二)岗位训练学徒管理

(1)学员应严格遵守企业的规章制度,服从管理,虚心向指导老师学习、请教,认真履行岗位职责。

(2)训练学员必须按规定时间完成训练,如学员中途擅自离开训练岗位,未完成训练者,或者在训练过程中违反安全生产操作规程并造成损失的,不能获得岗位训练和专业核心能力训练的成绩。

(三)岗位训练学徒文档管理

岗位训练和专业核心能力训练文件主要包括训练教学大纲、训练计划、训练教材、训练指导书、教学训练考核评分标准及各种过程记录文档和考核报告。

十三、学徒考核评价方案

1. 考核内容

选择能够全面反映学徒综合素质的食品营销项目作为考核评价内容:学徒在每个实践单元的工作态度、工作表现等;学徒的理论知识掌握程度和处理问题的能力;学徒的项目完成效果。

2. 考核时间

采用分阶段考核的方法,在每一项实践内容结束后进行考核。

3. 考核人员

考核人员应具有权威性和代表性,多方评价,体现公平、公正的原则,包括指导教师、企业师傅、行业专家和学生等。

4. 考核形式

考核形式可以灵活多样,综合运用实际操作、现场答辩、技能比赛、完成生产任务、撰写解决实际问题方案等多种手段对职业技能和职业素养进行评价。

5. 考核成绩评定

考核成绩评定应考虑多方因素,确定合理的比例,如,学徒工作态度、工作表现等占20%,平时成绩占20%,项目完成情况占60%。

6. 评价等级

考核后应分出等级，包括优秀、良好、中等、及格、不及格等，一般 90 分及以上为优秀，80～89 分为良好，70～79 分为中等，60～69 分为及格，60 分以下为不及格。

7. 考核结果处理

考核评价后对考核结果制订相关处理办法：考核不及格者，需要进行补考和重修；对于缺勤 1/3 的同学，禁止参加考核，重修后方能参加考核；对于综合考评优秀的学生(学徒)给予一定的奖励。

十四、学徒岗位认证条件

(1)能够完成企业交付的食品营销任务。

(2)完成校内学习任务，并考核合格。

(3)遵守企业的规章制度。

(4)在政治、安全等方面无问题。

(5)经企业师傅考核成绩合格。

附录 3　食品营销学徒岗位师傅聘任标准与教学指导工作规范

一、食品营销学徒岗位师傅聘任标准

(1)能较好遵守职业道德规范，品行端正。

(2)工作技能优秀，善于表达、沟通，责任心强，具备言传身教的能力。

(3)在工作岗位工作满 5 年。

(4)技能水平需达到高级及以上水平。

(5)有成功带新员工经验者，评选为优秀员工者优先。

二、学徒师傅教学指导工作规范

(1)认真做好对学徒的日常考勤和管理，加强职业道德、劳动纪律和企业文化等教育，培养文明、守纪的良好习惯。

(2)负责指导学徒熟悉工作环境和防护设施，提高学徒的自我保护能力，采取有效措施防止学徒在实习中受到伤害和发生安全事故。

(3)认真做好对学徒技能训练的指导和各技术环节的示范，使学徒尽快掌握实际操作技能，严格要求学徒，并经常进行提问、讲解与指导。

(4)认真听取学校和学徒的意见，采取措施及时解决学徒学习指导中存在的问题，不断提高学徒学习工作质量。

(5)督促学徒及时填写学徒岗位工作认识，对学徒的岗位学习定期进行考核评价。

(6)实行学徒实习信息通报制度，定期向学校、家长通报交流学徒学习情况。

(7)配合学校和第三方评价机构，对学徒进行岗位评价考核。

附录 4　食品营销学徒岗位选拔标准与守则

一、食品营销学徒选拔标准

(1)能较好遵守学徒企业纪律,品行端正。

(2)有一定的营销专业知识基础,喜欢营销工作,善于表达、沟通,责任心强。

(3)自愿申请,学校与企业进行选拔。

二、食品营销学徒守则

(1)严格遵守劳动纪律,听从主管的安排。

(2)学习且遵守企业各项规章制度和工作程序,提高食品贮运、卫生、安全和销售方面的知识,努力提高技术水平。

(3)重视个人卫生和仪表,接受检查并能保持。

(4)遵守时间,具有良好仪表,规范着装。

(5)注意工作环境的清洁。随时保持工作台面、地面清洁,杂物要及时清理出操作间。

(6)严格按照企业生产规范操作,保证产品的销售计划的实施。

(7)爱惜企业财物。

(8)不得将个人物品带入工作场所。

(9)与同事建立良好且友善的工作关系。

(10)下班前检查各种设备的电源,材料是否放置适宜。

(11)撰写工作日志,梳理每一天的工作并总结、分析出现的问题,及时向师傅请教。